1-点、线、面的运用——女装海报

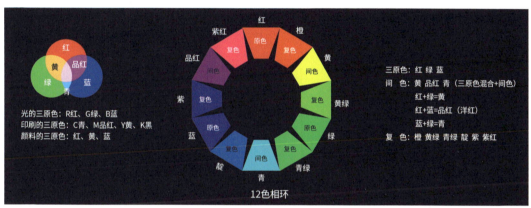

2-色彩的来源

3-色彩的关系——24色相环

4-色彩搭配与应用——健康食品海报

5-文字的编排技巧

6-倾斜照片1

7-倾斜照片2

8-制作标准像

9-绘制奥运五环　　　　　　10-绘制分段式渐变背景

11-绘制球体　　　　　　12-制作文字装饰画

13-制作小清新化妆品 Banner

14-制作手镯海报

15-处理曝光过度照片

16-处理曝光不足照片

17-处理灰度照片

18-处理暗亮不均照片

19-修复严重偏色照片

20-美白牙齿

22-去除人物

24-修光影

25-制作风景画

26-设计男士 T 恤 Banner

27-人物抠图

28-设计店招

29-制作文字装饰画

30-制作金属立体字

31-制作活动海报

32-制作电影海报

33-人物婚纱抠图

34-制作秋冬新风尚登山鞋海报

35-制作优惠券　　　　36-制作促销主图　　　　37-人物皮肤磨皮

38-制作下雪效果

39-制作蓝莓海报

40-PC端民族刺绣装饰画海报1

41-PC端民族刺绣装饰画海报2

高等职业院校前沿技术专业特色教材　　丛书主编　杨云江

电子商务
网店美工基础

莫兴军　吴寿锋　　　　　　主　编
姜志芳　刘桂花　杨　归　李　倩　副主编

清华大学出版社
北京

内 容 简 介

随着电商行业竞争的日益激烈，网店的美工与广告已经成为提高客流量与转化率的重要着力点。本书结合编者多年的教学经验和网店装修设计经验，以典型案例为主导，从实用角度出发循序渐进地引领读者熟练使用 Photoshop CC 进行网店美工设计，并掌握相应的方法与技巧。

本书层次分明、重点突出、通俗易懂、图文并茂，可作为国内应用型本科、高职、中职院校的电子商务、跨境电商、市场营销、网络营销、移动商务、数字媒体等专业课程的教学用书或参考用书，也可作为网店创业者的自学用书和政府、企业电子商务培训用书。

本书封面贴有清华大学出版社防伪标签，无标签者不得销售。
版权所有，侵权必究。举报：010-62782989，beiqinquan@tup.tsinghua.edu.cn。

图书在版编目(CIP)数据

电子商务网店美工基础/莫兴军，吴寿锋主编．—北京：清华大学出版社，2022.7(2025.2重印)
高等职业院校前沿技术专业特色教材
ISBN 978-7-302-59966-1

Ⅰ.①电… Ⅱ.①莫… ②吴… Ⅲ.①电子商务－网站－设计－高等职业教育－教材 Ⅳ.①F713.361.2 ②TP393.092

中国版本图书馆 CIP 数据核字(2022)第 023354 号

责任编辑：聂军来
封面设计：刘　键
责任校对：袁　芳
责任印制：丛怀宇

出版发行：清华大学出版社
　　　　网　　址：https://www.tup.com.cn，https://www.wqxuetang.com
　　　　地　　址：北京清华大学学研大厦 A 座　　　　邮　编：100084
　　　　社 总 机：010-83470000　　　　邮　购：010-62786544
　　　　投稿与读者服务：010-62776969，c-service@tup.tsinghua.edu.cn
　　　　质量反馈：010-62772015，zhiliang@tup.tsinghua.edu.cn
　　　　课件下载：https://www.tup.com.cn，010-83470410
印 装 者：涿州市般润文化传播有限公司
经　　销：全国新华书店
开　　本：185mm×260mm　　印　张：14.5　　插　页：5　　字　数：364 千字
版　　次：2022 年 7 月第 1 版　　印　次：2025 年 2 月第 2 次印刷
定　　价：54.00 元

产品编号：089379-02

高等职业院校前沿技术专业特色教材

编审委员会

编委会顾问：

谢　泉　贵州大学大数据与信息工程学院院长、教授、博士生导师
董　芳　贵州工业职业技术学院院长、教授
刘　猛　贵州机电职业技术学院院长、副教授
张浩辰　贵州工商职业学院副校长、教授
陈文举　贵州大学职业技术学院院长、教授
肖迎群　贵州理工学院大数据学院院长、博士、教授、硕士生导师
肖利平　贵州理工学院继续教育学院副院长、教授
郑海东　贵州电子信息职业技术学院副院长、副教授
张仁津　贵州师范大学大数据学院院长、教授、硕士生导师

编委会主任兼丛书主编：

杨云江　贵州理工学院信息网络中心副主任、教授、硕士生导师

编委会副主任（排名不分先后）：

王正万	杨　前	王佳祥	王仕杰
程仁芬	王爱红	米树文	陈　建
李　鑫	侯　宇	唐　俊	姚会兴
徐雅琴			

编委会成员（排名不分先后）：

刘桂花	周　华	钟国生	钟兴刚
张洪川	龚良彩	杨汝洁	郭俊亮
谭　杨	李　萍	陈海英	黎小花
冯　成	李　力	莫兴军	石齐钧
刘　睿	李吉桃	周云竹	兰晓天
李　娟	包大宏	任　桦	王正才
袁雪梦	任丽娜	甘进龙	田　忠
文正昌	张成城	温明剑	

本书编写组

主　编：莫兴军　吴寿锋

副主编：姜志芳　刘桂花　杨　归　李　倩

参　编：杨　前　蒙国春　李　力　赵红艳
　　　　　杨　彦　李　娟　宋德振　王苏兰
　　　　　刘贝贝　张砚博　吴　迪

本谿計算書

丛书总序言

多年来,党和国家在重视高等教育的同时,给予了职业教育更多关注,2002年和2005年国务院先后两次召开了全国职业教育工作会议,强调要坚持大力发展职业教育。2005年下发的《国务院关于大力发展职业教育的决定》更加明确了要把职业教育作为经济社会发展的重要基础和教育工作的战略重点。《中华人民共和国职业教育法》从政策和法律层面给职业教育提供了保障。2019年2月,国务院印发《国家职业教育改革实施方案》;2019年4月,教育部等六部门印发《高职扩招专项工作实施方案》;2021年4月,国务院公布《中华人民共和国民办教育促进法实施条例》,进一步鼓励加大职业教育的办学力度。我们国家关于职业教育工作的一系列方针和政策,体现了对职业教育的高度重视,为我国的职业教育指明了发展方向。

高等职业教育是职业教育的重要组成部分。由于高等职业院校着重于学生技能的培养,学生动手能力较强,因此其毕业生越来越受到各行各业的欢迎和关注,就业率连续多年都保持在90%以上,从而促使高等职业教育呈快速增长的趋势。自1996年开展高职教育以来,高等职业学校的招生规模不断扩大,发展迅猛,仅2019年就扩招了100万人。目前,全国共有高等职业院校1300多所,在校学生人数已达1000万人。

"质量要提高、教学要改"是职业教育教学的基本目标。为了达到该目标,除了要打造良好的学习环境和氛围、配备优秀的管理队伍、培养优秀的师资队伍和教学团队外,还需要有高质量、符合高职教学特点的教材。根据这一目标以及教育部、财政部《关于实施中国特色高水平高职学校和专业建设计划的意见》(教职成〔2019〕5号)的文件精神:"组建高水平、结构化教师教学创新团队,探索教师分工协作的模块化教学模式,深化教材与教法改革,推动课堂革命",丛书编审委员会以贵州省建设大数据基地为契机,组织贵州、云南、山西、广东、河北等省的20多所高等职业院校的一线骨干教师,经过精心组织、充分酝酿,并在广泛征求意见的基础上,编写出这套以云计算与大数据方向、智能科学与人工智能方向、电子商务与物联网方向、数字媒体与虚拟现实方向的"高等职业院校前沿技术专业特色教材"系列丛书,以期为推动高等职业教育教材改革做出积极而有益的实践。

我们按照高等职业教育新的教学方法、教学模式及特点,在总结传统教材编写模式及特点的基础上,对"项目-任务驱动"的教材模式进行了拓展,以"项目+任务导入+知识点+任务实施+上机实训+课外练习"的模式作为本套丛书主要的编写模式;也有针对以实用案例导入进行教学的"项目-案例导入"结构的拓展模式,即"项目+案例导入+知识点+案例分析与实施+上机实训+课外练习"的编写模式。

丛书具有如下主要特色。

特色之一:丛书涵盖了全国应用型人才培养信息化前沿技术的四大主流方向,即云计算与大数据方向、智能科学与人工智能方向、电子商务与物联网方向、数字媒体与虚拟现实方向。

特色之二：注重理论与实践相结合，强调应用型本科及职业院校的特点，突出实用性和可操作性。丛书的每本教材都含有大量的应用实例，大部分教材有 1～2 个完整的案例分析，旨在帮助学生在学完每门课程后，都能将所学知识用到实践中。

特色之三：每本教材的内容循序渐进、全面且完整，结构安排合理、图文并茂，文字表达清晰、通俗易懂，旨在很好地帮助读者学习和理解教材的内容。

特色之四：每本教材的主编及参编者都是长期从事高职前沿技术专业教学的高职教师，具有较扎实的理论知识，以及丰富的教学经验和工程实践经验。丛书就是这些教师多年教学经验和工程实践经验的结晶。

特色之五：丛书的编委会成员由有关高校及高职的专家、学者及领导组成，负责对教材的目录、结构、内容和质量进行指导和审查，能够很好地保证教材的质量。

特色之六：丛书引入出版业新技术——数字资源技术，将主要彩色图片、动画效果、程序运行效果、工具软件的安装过程以及辅助参考资料都以二维码形式呈现在书中。

希望本套丛书的出版能为我国高等职业教育尽微薄之力，更希望能给高等职业学校的教师和学生带来新的感受和帮助。

谢 泉

2020 年 5 月

序 言

要让一个网店在浩如烟海的店铺中脱颖而出,它的装修至关重要。如今,买家的要求越来越高,对网店的视觉要求也在逐步提高。买家进入网店,不仅需要享受优质的服务,还需要赏心悦目的购物环境,因此网店装修已经成为网店营销中不可或缺的重要部分。

如何通过精美的网店美工设计吸引买家的目光,从而提升网店的关注度和转化率,已经成为每个店铺卖家都关注的问题。那么,怎样才能设计出符合商品特性并能彰显卖家个性的网店装修效果呢?Photoshop 就是实现这种设计目的的得力工具。

Photoshop 是目前应用最为广泛的图像处理软件之一,其集图像扫描、编辑修改、图像制作、广告创意、图像输入与输出于一体,深受广大设计人员的青睐。本书将以 Photoshop CC 为操作平台,引领读者循序渐进地学习 Photoshop 网店美工设计相关知识和技能。

本书全面贯彻党的二十大精神,以社会主义核心价值观为引领,传承中华优秀传统文化,坚定文化自信,使内容能更好地体现时代性、把握规律性、富于创造性。

本书主要特色如下。

(1)立德树人:党的二十大报告指出"全面贯彻党的教育方针,落实立德树人的根本任务,培养德智体美劳全面发展的社会主义建设者和接班人"。本书以专业课程的特点为依据,采取了项目式结构,不仅每个项目开头以学习目标、技能目标、素养目标体现素质教育的核心点,还选取了大量包含中华传统文化、科学精神和爱国情怀等元素的任务案例,力求培养学生的家国情怀和责任担当意识,培养学生的专业精神、职业精神、工匠精神和创新意识。

(2)校企合作:本书是作者与各大高校和企业合作的成果,书中引入了贵州省施秉县舞水云台旅游商品开发有限公司的典型项目案例和标准化业务实施流程,由具有丰富教学经验的教师执笔,将理论和实践进行充分融合,很好地体现了职业教育的"做中学,做中教"的教学理念。

(3)配备微课:本书提供教学课件、微课视频、效果文件、实例素材、课后练习等教学资源,读者可通过扫描书中的二维码随时观看微课视频和获取课后练习答案。

本书内容安排如下:全书共分为 11 个项目,包括点、线、面、色彩、构图、字体等网店美工设计基础知识,网店美工图像处理基本操作,选区的创建与编辑,图层的高级应用,网店图像的色调与色彩调整,网店图像的修复、修饰与绘制,路径的创建与应用,文字的创建与应用,蒙版与通道的应用,以及滤镜在网店美工设计中的应用。

本书作为教学用书,参考学时为 35～64 学时,各项目的参考学时分配表如表 0-1 所示。

表 0-1 学时分配

项目	课程内容	学时	
		讲授	实训
项目 1	网店美工概述	8	4
项目 2	图像处理的基本操作	4	4
项目 3	选区的创建与编辑	2	2
项目 4	图层的应用	2	2
项目 5	网店图像的色调与色彩	2	4
项目 6	网店图像的修复、修饰与绘制	2	4
项目 7	路径的创建与应用	2	2
项目 8	文字的创建与应用	2	2
项目 9	蒙版与通道	2	2
项目 10	滤镜在网店美工设计中的应用	2	2
项目 11	综合实训	4	4
学时总计		32	32

本书由贵州电子信息职业技术学院的莫兴军和吴寿锋老师主编，负责书稿的编写及统稿工作，由姜志芳、刘桂花、杨归和李倩老师担任副主编，参编老师有杨前、蒙国春、李力、赵红艳、杨彦、李娟、宋德振、王苏兰、刘贝贝、张砚博、吴迪。贵州理工学院信息网络中心副主任杨云江教授担任丛书总主编，负责教材目录结构和书稿结构的设计以及书稿的初审工作。

在本书的编写过程中，编者得到了许多兄弟院校教师和贵州省施秉县舞水云台旅游商品开发有限公司的关心和帮助，并提出了许多宝贵的修改意见。对于他们的关心、帮助和支持，编者表示十分感谢！

尽管编者在编写过程中力求准确、完善，但由于水平有限，书中可能仍有遗漏与不足之处，恳请广大读者批评、指正。

编　者

2024 年 7 月

课件.rar

教学大纲.rar

题库.rar

效果文件.rar

目 录

项目 1　网店美工基础知识 ·· 1
　1.1　网店美工简介 ·· 1
　1.2　电商美工必须掌握的设计要点 ·· 2
　1.3　Photoshop 的基本概念 ·· 41
　1.4　Photoshop CC 的工作界面 ··· 44
　1.5　Photoshop 视图 ··· 45
　　思考与练习 ·· 47

项目 2　图像处理的基本操作 ·· 49
　2.1　应用辅助工具 ··· 49
　2.2　设置前景色与背景色 ·· 51
　2.3　常用图标及快捷键汇总 ··· 52
　2.4　图像文件基本操作 ··· 53
　2.5　调整商品图像尺寸 ··· 54
　2.6　裁剪、变换、复制与粘贴商品图像 ··· 55
　2.7　恢复与还原图像操作 ·· 59
　2.8　项目实训 ·· 60
　　思考与练习 ··· 65

项目 3　选区的创建与编辑 ··· 66
　3.1　选区工具的基本使用 ·· 66
　3.2　使用"色彩范围"命令抠图 ·· 75
　3.3　编辑与修改选区 ·· 77
　3.4　项目实训 ·· 78
　　思考与练习 ··· 85

项目 4　图层的应用 ··· 87
　4.1　图层的基本操作 ·· 87
　4.2　创建图层 ·· 88
　4.3　应用图层 ·· 89

4.4 项目实训 ……………………………………………………………………… 90
思考与练习 ……………………………………………………………………… 97

项目 5　网店图像的色调与色彩 ……………………………………………… 99

5.1 调整图像的色调 ……………………………………………………………… 99
5.2 调整图像的色彩 ……………………………………………………………… 103
5.3 调整特殊色调 ………………………………………………………………… 104
5.4 项目实训 ……………………………………………………………………… 106
思考与练习 ……………………………………………………………………… 119

项目 6　网店图像的修复、修饰与绘制 …………………………………… 120

6.1 修复网店图像 ………………………………………………………………… 120
6.2 修饰网店图像 ………………………………………………………………… 123
6.3 绘画工具 ……………………………………………………………………… 125
6.4 "画笔"面板 …………………………………………………………………… 127
6.5 项目实训 ……………………………………………………………………… 127
思考与练习 ……………………………………………………………………… 140

项目 7　路径的创建与应用 ………………………………………………… 142

7.1 绘制与编辑路径 ……………………………………………………………… 142
7.2 绘制形状 ……………………………………………………………………… 146
7.3 项目实训 ……………………………………………………………………… 149
思考与练习 ……………………………………………………………………… 160

项目 8　文字的创建与应用 ………………………………………………… 161

8.1 使用文字工具 ………………………………………………………………… 161
8.2 设置文字属性 ………………………………………………………………… 165
8.3 编辑文字 ……………………………………………………………………… 166
8.4 项目实训 ……………………………………………………………………… 167
思考与练习 ……………………………………………………………………… 177

项目 9　蒙版与通道 ………………………………………………………… 179

9.1 蒙版 …………………………………………………………………………… 179
9.2 通道 …………………………………………………………………………… 181
9.3 项目实训 ……………………………………………………………………… 182
思考与练习 ……………………………………………………………………… 191

项目 10　滤镜在网店美工设计中的应用 ………………………………… 192

10.1 滤镜库 ……………………………………………………………………… 192
10.2 其他常用滤镜 ……………………………………………………………… 193

10.3 项目实训	196
思考与练习	202

项目 11 综合实训 — 203

11.1 PC 端民族刺绣装饰画海报 1	203
11.2 PC 端民族刺绣装饰画海报 2	208
思考与练习	214

参 考 文 献 — 216

本书教学辅助资源

素材类型	数量	素材类型	数量
课程标准	1 套	项目实训	39 个
PPT 课件	11 个	课后习题	11 组

本书配套视频列表

项目	微课视频	项目	拓展视频
项目 1 网店美工概述	1. 点的作用	项目 1 知识拓展	1. 点、线、面的运用
	2. 线的分类与应用		2. 色彩的来源
	3. 点、线、面的区别与联系		3. 色彩的关系
	4. 广告图片的设计理念		4. 色彩的搭配与运用——色彩属性
	5. 形式美之三元素——三段文字		5. 色彩的搭配与运用——色彩关系
	6. 形式美之三元素——三种字体		6. 文字的编排技巧(上)
	7. 形式美之三元素——三种颜色		7. 文字的编排技巧(中)
	8. 构图平衡		8. 文字的编排技巧(下)
	9. 留白	项目	实操视频
	10. 光色原理	项目 2 图像处理的基本操作	1. 调整倾斜照片-1
	11. 色彩的分类——红色		2. 调整倾斜照片-2
	12. 色彩的分类——橙色		3. 制作标准像
	13. 色彩的分类——黄色	项目 3 选区的创建与编辑	1. 绘制奥运五环
	14. 色彩的分类——绿色		2. 绘制分段式渐变背景
	15. 色彩的分类——蓝色		3. 绘制球体
	16. 色彩的分类——紫、粉红色	项目 4 图层的应用	1. 制作文字装饰画
	17. 色彩的分类——黑色		2. 制作小清新化妆品 Banner
	18. 色彩的分类——白色		3. 制作手镯海报
	19. 色彩的分类——灰色	项目 5 网店图像的色调与色彩	1. 处理曝光过度照片
	20. 三原色		2. 处理曝光不足照片
	21. 色彩的关系		3. 处理灰度照片
	22. 同类色		4. 处理暗亮不均照片
	23. 类似色		5. 修复严重偏色照片
	24. 邻近色		6. 美白牙齿
	25. 中差色	项目 6 网店图像的修复、修饰与绘制	1. 去除痘痘、雀斑、划痕
	26. 对比色		2. 去除人物、水印
	27. 互补色		3. 修光影
	28. 色彩的属性		4. 制作风景画
	29. 色彩的轻重	项目 7 路径的创建与应用	1. 设计男士 T 恤 Banner
	30. 色彩的冷暖		2. 人物抠图
	31. 色调		3. 设计店标
	32. 纯色调	项目 8 文字的创建与应用	1. 制作文字装饰画
	33. 明色调		2. 制作金属立体字
	34. 淡色调		3. 制作活动海报
	35. 灰色调		4. 制作电影海报
	36. 暗色调	项目 9 蒙版与通道	1. 制作秋冬新风尚登山鞋海报
	37. 冷暖平衡		2. 人物婚纱抠图
	38. 互补平衡		3. 制作优惠券
	39. 花色和纯色平衡		4. 制作促销主图
	40. 无色和有色平衡	项目 10 滤镜在网店美工设计中的应用	1. 人物皮肤磨皮
	41. 面积平衡		2. 制作下雪效果
			3. 制作蓝莓海报
		项目 11 综合实训	1. PC 端民族刺绣装饰画海报-1
			2. PC 端民族刺绣装饰画海报-2

项目 1

网店美工基础知识

网店美工主要负责网店页面的美化工作,包括商品图片的处理、优化,首页和详情页的设计与装修,推广图的设计与制作,视频的设计与制作等,从而帮助商家宣传商品信息,塑造品牌形象,提高网店的市场竞争力。一名优秀的网店美工,除了需要了解网店美工的工作范畴和技能外,还需要掌握一些设计基础知识,并能够熟练使用 Photoshop 图像处理软件。

学习目标
- 了解网店美工的概念、工作职责和技术要求;
- 了解 Photoshop 的工作界面和视图。

技能目标
- 熟悉点、线、面在设计中的使用技巧;
- 熟悉色彩的搭配与运用;
- 熟悉构图的技巧;
- 熟悉字体的运用。

项目 1 素材

素养目标
- 培养职业素养,树立岗位责任意识和正确对待工作任务的责任心;
- 树立关于网店美工岗位的职业规划意识;
- 培养创新设计意识,提高审美和人文素养;
- 培养视觉鉴赏修养、文化自信和爱国主义情怀。

1.1 网店美工简介

网店美工是指对平面、色彩、基调、创意等进行堆砌的技术人才,是指某个产品的平面设计师,通过针对性地对某一个产品或主题进行处理,可使客户产生购买的欲望,达到提高产品和店铺销量的效果。

1. 网店美工的定义

网店美工是淘宝、京东、拍拍等一系列网店页面编辑美化工作者的统称,需熟练掌握 Photoshop、CorelDRAW、Illustrator 等制图软件,熟悉页面布局,了解产品的特点,并准确判断目标用户群的需要,以设计出吸引眼球的图片。

2. 网店美工的工作范畴

网店美工的主要工作是负责网店的店面装修以及产品图片的创意处理,其主要工作范畴如下。

（1）掌握店铺特色。
（2）美化商品。
（3）装修与设计店铺。
（4）设计活动页面。
（5）了解与应用推广。

3．网店美工的技术要求

网店美工应具有扎实的美术功底和良好的创造力，对美好事物有一定的鉴赏能力，具有图像处理与设计能力，能熟练使用Photoshop、Dreamweaver、Flash等设计软件。

网店美工应通过图片、文字、色彩搭配，准确地向客户表达出产品的独特性并挖掘客户潜在需求，从运营、推广、数据分析的角度思考如何提升产品的点击率和转化率，引起买家的购买欲望。

网店美工不仅需要处理图片，还需要有良好的理解能力，能够洞悉策划方案的意图，并在其中加入自己的创意。

1.2 电商美工必须掌握的设计要点

1.2.1 认识点、线、面三大基本设计元素

1．点

点是可见的最小的形式单元，具有凝聚视觉的作用，可以使画面布局显得合理舒适、灵动且富有视觉冲击力。图1-1所示的月亮即为放大点形成的面，周围的星星以点的形式装饰背景，突出主题；图1-2以玫瑰花瓣为点，排列成环绕模特的曲线，装饰画面并突出模特的服装。

图1-1　点的运用1

图1-2　点的运用2

1)点的形态

点的形态包括以下4种。

（1）体积小、分散的芝麻沙粒。

（2）距离远的星星、远帆、地图上的城市。

（3）符号：逗号、句号。

（4）远处交叉的位置：围棋、线的交点。

2)点的形态分类

点的形态分类如图1-3所示。

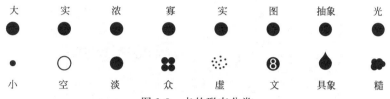

图1-3 点的形态分类

3)点的运用

点没有固定的大小和形态，画面中越小的形态越容易给人点的感觉，如漫无的雪花，夜空中的星星、大海中的帆船和草原上的骏马等。图1-4中的孔明灯、星光都可以理解为"点"，配合营造一个中元节的主题。

图1-4 点的运用3

4)点的作用

（1）渲染活动气氛。如图1-5所示，以一定数量的点渲染气氛。

微课视频

点的作用.mp4

图1-5 渲染气氛

（2）表达动感内容。如图 1-6 所示,把一定数量的点设计在主设计图的局部,表现出动感的视觉效果。

说明:这张图片客户本身所提供的素材只有产品和两三个英文单词,我们在遇到这种情况时,可以用点来堆积出设计的灵动性!

说明:这个人物如果单独放是比较单调的,经过简单地加"点"处理就变得生动灵活很多!

图 1-6　成为画面中最动感的部分

（3）添加画面细节。如图 1-7 所示,飞机、小鸟和云朵以点的形式融入设计图,可以使海报更加丰富。

图 1-7　为画面添加细节

（4）形成主体视觉。如图1-8和图1-9所示，三角形和圆以点的形式分别融入设计图，可以达到视觉引导的效果。

图1-8　形成主视觉1

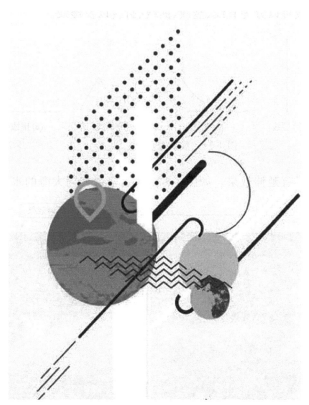

图1-9　形成主视觉2

2. 线

线在视觉形态中可以表现长度、宽度、位置、方向和性格，具有刚柔并济、优美和简洁的特点，经常用于渲染画面，引导、串联或分割画面元素。如图1-10所示，流动起来的斜线更有张力，更加生动。

图1-10　线的运用效果

1) 线的分类

如图1-11所示,线可以分为直线、竖线、曲线、折线以及虚线。

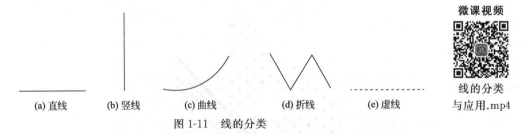

图1-11　线的分类

微课视频

线的分类与应用.mp4

（1）直线。直线具有延伸效果。如图1-12所示,横线如同大海的水平线一样。

图1-12　直线延伸效果

（2）竖线。竖线具有垂直感。如图1-13所示,竖线具有严谨、威严、整洁的效果。

图 1-13 竖线效果

(3)斜线。斜线具有灵动感。如图 1-14 所示,斜线具有速度、激烈、危险、抢眼、对比、冲撞的表现效果。

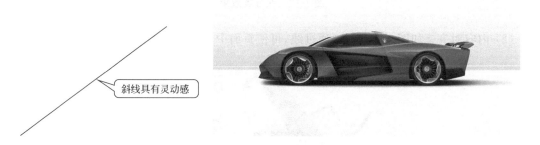

图 1-14 斜线效果

(4)曲线。曲线具有柔美感,如图 1-15 所示。

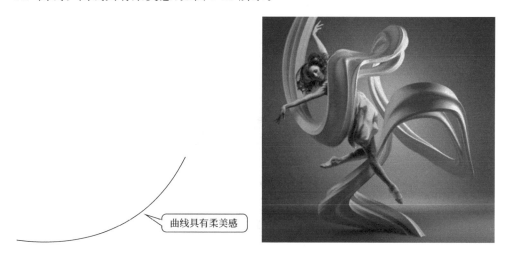

图 1-15 曲线效果

2)线的作用

线的作用如下。

（1）模块分类。如图1-16所示，在各种大量的文字配图设计中，加入线可以区分每个模块，方便读者阅读。

图1-16　线分类效果

（2）内容对齐。如图1-17所示，通过线，可使页面中各个部分的内容整洁对齐。

图1-17　线对齐效果

（3）丰富画面。如图1-18所示，通过线，可以让整个画面丰富多彩，与点有相同的作用。

（4）画面统一。如图 1-19 所示，通过线，可使整个画面达到统一的效果。

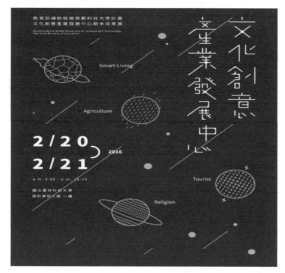

图 1-18　线丰富画面效果

图 1-19　线统一效果

（5）元素灵动。如图 1-20 所示，通过斜线，可以让画面动起来，使画面中的元素具有灵性。

图 1-20　线灵动效果

（6）信息强调。如图 1-21 所示，通过一些线框，可以突出版面中的重点信息，使图中信息一目了然。

（7）视觉引导。如图 1-22 所示，线可以使视觉转移，产生层层递进的效果。

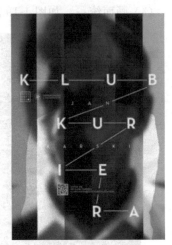

图 1-21　线强调效果　　　　　　　图 1-22　线引导效果

（8）整体感知。如图 1-23 所示，线的加入可以把一些分散的信息串联起来，让图片在视觉上形成一个整体。

图 1-23　线整体感效果

3. 面

线和点的放大即为面，由线的分割产生各种比例的空间也可称为面。面有长度、宽度、方向、位置、摆放角度等特性。在版面中，面具有组合信息、分割画面、平衡和丰富空间层次、烘托与深化主题等作用，如图 1-24 所示。

图1-24 面的运用效果

1) 面的概念

面是线移动至终结而形成的,具有长度、宽度,但没有厚度。

面的形态多种多样,不同形态的面在视觉上有不同的作用和特征。直线的面具有直线所表现的心理特征,有安定、秩序感、男性的性格,图1-25所示为直线面的表现形式。曲线的面具有柔软、轻松、饱满、女性的象征,图1-26所示为曲线面的表现形式。偶然形面如水和油墨、混合墨洒产生的偶然形面等,比较自然生动,有人情味,图1-27所示为偶然形面的表现形式。

图1-25 直线面的表现形式　　图1-26 曲线面的表现形式

图1-27 偶然形面的表现形式

2) 面的分类

在平面设计中的"形"可以按照形成方法分为几何形、有机形和偶发形。几何形是可以用数学方法定义的形,有机形是可以重复和再现的自由形,是设计者通过自己的思维把原本的一些基本形状进行加工,按照一定规律产生出来的形状,如图1-28所示;而偶发形不管用何种方法,每次产生的结果都不一样,如用泼溅、吹颜料的方式产生的形态,如图1-29所示。

图 1-28　几何形和有机形

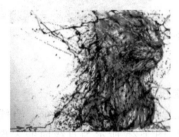

图 1-29　偶发形

如果把点、线、面（图 1-30）比作一部电影，那么面就是主角，线是配角，而点是群众演员，如图 1-31 所示。

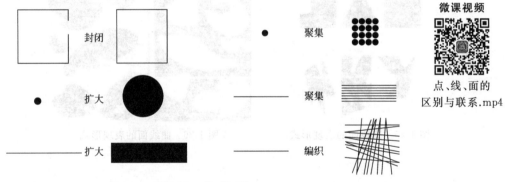

图 1-30　点、线、面

微课视频

点、线、面的
区别与联系.mp4

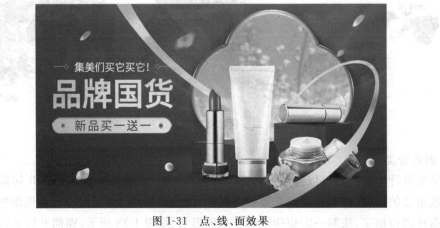

图 1-31　点、线、面效果

1.2.2 广告图片的设计理念

1. 目标明确

针对不同的目标人群,广告图片的设计思路也不一样。两张画面版式、图片十分相似,但目标人群定位不同,图片的呈现也不同。

如图 1-32 所示,(a)图对应职场白领一族风格,(b)图则针对学生。

微课视频

广告图片的
设计理念.mp4

(a)

(b)

图 1-32 两种风格

2. 主题突出

主题突出可分为以下两种形式。

(1) 促销折扣主题。如图 1-33 所示,通过放大字号和加粗字体,从形式上强化主题,但形式不可大于内容。

图 1-33 促销折扣主题效果

(2) 组合主题。如图 1-34 所示,多主题组合形式要求区分信息传达的层次结构,分清主次关系,多个主题依次展开。

图 1-34 组合主题效果

3. 风格统一

(1) 民族风。如图 1-35 所示，从背景运用到模特衣饰及发型，都符合民族风的格调，整个画面和谐统一。

图 1-35　民族风效果

(2) 潮流风。图 1-36 所示是一张十分"火爆"并且有个性的广告图，潮系风格浓郁，各个元素相互呼应。

图 1-36　潮系效果

(3) 简约风。如图 1-37 所示，背景的合理运用、文字的少量运用以及皮质沙发呼应了西装产品的低调、品质的内涵。

图 1-37　大气简约效果

4. 形式美观之四个"三"

（1）三个元素。即背景、文案、产品信息。图片中的其他细节都是由这三个基本元素衍生出来的，如果图片看上去不满意，那么一定是这三个方面出现了问题。图 1-38 即很好地体现了这三个元素。

图 1-38　三元素案例

（2）三段文字。三段文字是指三元素中文案的主要文字信息，分别是主标题、副标题和附加内容。图 1-39 所示是淘宝 UED(user experience design，用户体验设计)部门的一张海报设计规范，可作为经典案例。

图 1-39　三段文字案例

微课视频

形式美之三元素
——三段文字.mp4

（3）三种字体。此处的三种字体不是指在广告图设计中一定要使用三种字体，而是指不能使用超过三种字体。如图 1-40 所示，图片中虽然只用了一种字体，但字体与文案和谐统一。

微课视频

形式美之三元素
——三种字体.mp4

图 1-40　图片设计中的字体案例

（4）三种颜色。在一张广告图以及同一位置的多张图片中，不要使用三种以上的颜色（黑、白、灰除外），并且主色和搭配色的面积按照6∶3∶1的比例分配，如图1-41所示。

图1-41　设计中的颜色案例

5. 布局合理

（1）构图平衡。画面的平衡感取决于各元素的"视觉重量"，如图1-42所示。

图1-42　构图平衡案例

（2）势能。势能对平衡的有意识破坏可以增加注意力。势能分为动态势能和静态势能，其中动态势能案例如图1-43所示，静态势能案例如图1-44所示。

图1-43　动态势能案例

图 1-44 静态势能案例

（3）位置集群：位置靠得近的信息容易被看成一个整体，分散的信息则会暗示它们是不同内容的信息。图 1-45 所示的图片就可以一次性传达重要信息。

图 1-45 信息集群案例

图 1-46 所示的小吃店铺的促销文案信息就很分散，不利于一次性读完。

图 1-46 信息分散案例

（4）页面留白：在常规的图片设计中，页面至少要有 30% 的留白，这样的图片从视觉上看更高端、更有气势。如图 1-47 所示，画面中只有一个标志和品牌文字，整体视觉冲击力极强。

如图 1-48 所示，该广告图并没有留白，气势稍显不足。设计广告图时，一定要让客户在 0.3 秒内阅读完图片信息。

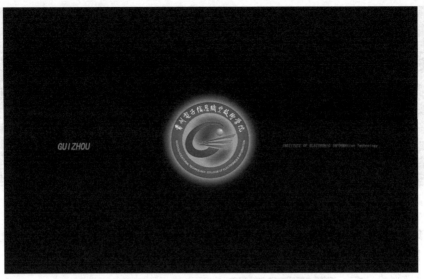

图 1-47　广告图的留白

图 1-48　没有留白的广告图

1.2.3　色彩

1. 颜色的影响

漂亮的颜色能让店铺显得赏心悦目,有眼前一亮的感觉,从而让浏览者愿意停留更多的时间,从而提高销售量。色彩能够建立起消费者对店铺的直观感受,一个色彩具有一致性、统一性的店铺,看起来更加整洁、美观,能让消费者清晰明了地分辨商品的类别,而且适当的颜色更能衬托出店铺的主题,色彩与主题的合理搭配更能提升购买率。

2. 色彩的来源

光源照射到物体时,变成反射光或透射光后进入眼睛,又通过视觉神经传达到大脑,从而产生了色的感觉,这便是色彩产生的过程,如图 1-49 所示。

最早揭开这一物理光学现象的是英国科学家牛顿。1666 年,牛顿在剑桥大学通过著名的色散实验发现了光谱色,认为太阳光是红、橙、黄、绿、蓝、靛紫色的混合,从此揭示了光色原理,开启了人类对光色原理的认识。光色原理如图 1-50 所示。光的波长如图 1-51(a)所示,可见光的光谱如图 1-51(b)所示。

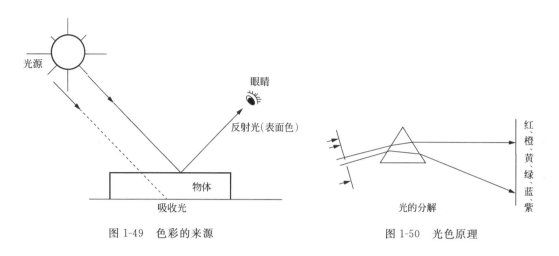

图 1-49 色彩的来源

图 1-50 光色原理

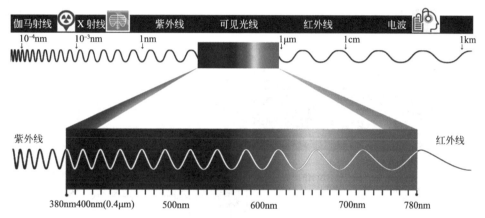

(a) 光的波长示意图

颜色	波长	频率
红色	约625~740nm	约480~405THz
橙色	约590~625nm	约510~480THz
黄色	约565~590nm	约530~510THz
绿色	约500~565nm	约600~530THz
蓝色	约485~500nm	约620~600THz
靛色	约440~485nm	约680~620THz
紫色	约380~440nm	约790~680THz

(b) 可见光的光谱

图 1-51 光色原理图

微课视频

光色原理.mp4

3. 色彩的分类

色彩的分类及说明如图 1-52 所示。

1 橙色系：亲切健康
2 紫色系：浪漫高贵
3 绿色系：安全自由
4 蓝色系：知性诚实
5 红色系：热情自信
6 黄色系：娇嫩警示
7 粉红色系：温柔浪漫
8 灰色系：沉稳成功
9 黑色系：权力和威严
10 白色系：明亮、洁净

图 1-52 色彩的分类及说明

（1）红色示例如图 1-53 所示。红色是最容易引人注意的颜色，是中国传统喜庆色，在零售业，红色常用于店内 POP、价签和降价海报的设计及传统节日的促销宣传。

微课视频

色彩的分类
——红色.mp4

图 1-53 红色示例

（2）橙色示例如图 1-54 所示。橙色是暖色系中最温暖和明亮的颜色，不仅能起到刺激人的内分泌、增进食欲的生理作用，同时给人以健康、温暖、富足、幸福的心理作用。

微课视频

色彩的分类
——橙色.mp4

图 1-54 橙色示例

(3) 黄色示例如图 1-55 所示。食品广告宜使用鲜明、丰富的色彩,以增进人们的食欲;儿童用品颜色对比要分明,体现活泼的动感。

微课视频

色彩的分类
——黄色.mp4

图 1-55　黄色示例

(4) 绿色示例如图 1-56 所示。绿色象征着平衡。在生理上可以缓解人的紧张和眼睛的疲劳,许多机械和设备都用绿色涂装。绿色贴近自然、植物等,目前国内外许多家居中心都把外墙壁涂成绿色。

微课视频

色彩的分类
——绿色.mp4

图 1-56　绿色示例

(5) 蓝色示例如图 1-57 所示。蓝色使人联想到天空、海洋、远山,使人感到深远、纯洁无限。蓝色是较深沉的色彩之一,象征着含蓄、沉思、冷静、内向和理智。例如,深远浓重的皇家蓝古朴典雅,它的浓重暗示着性格的深沉和矜持,也象征着权威和尊严;著名的青花瓷给人一种宁静和深远的感觉,暗示着理性的沉着和传统,传达着可信度和稳定性。

(6) 紫色示例如图 1-58 所示。紫色是波长最短的可见光波。具有高贵的性质,在卖场中往往适用于高价格的化妆品、流行产品、宝饰品、芳香品等卖场的装饰,以及具有高级感觉的产品演出。

色彩的分类
——蓝色.mp4

图 1-57　蓝色示例

色彩的分类
——紫、粉红色.mp4

图 1-58　紫色示例

（7）粉红色示例如图 1-59 所示。粉红色象征着爱和友情，象征甜美、浪漫、没有压力，可以软化攻击、安抚浮躁。浪漫的配色是柔和的，像早春的花瓣一样令人心中充满柔情。

（8）黑色示例如图 1-60 所示。在商业设计中，黑色具有高贵、稳重、科技的意象，许多科技产品的用色，如电视机、汽车、照相机、音响、仪器的色彩大多采用黑色。黑色的庄严的意象也常用在一些特殊场合的空间设计中，生活用品和服饰设计大多利用黑色来塑造高贵的形象。黑色是一种永远流行的主要颜色，适合与许多色彩进行搭配。

图 1-59　粉红色示例

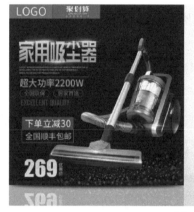
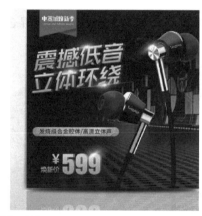

图 1-60　黑色示例

（9）白色示例如图 1-61 所示。白色是一种纯洁的色彩，由于大多数化妆品可起到美白作用，因此会用白色作为化妆品或包装袋的底色。白色使人联想到白云、白玉、白雪等，象征明亮、畅快、朴素和纯洁。

图 1-61　白色示例

（10）灰色示例如图 1-62 所示。在商业设计中，灰色具有柔和、高雅的意象，而且属于中间色彩，男女皆能接受。所以，灰色是永远流行的主要颜色，在许多高科技产品，尤其是和金属材料有关的产品中,绝大多数采用灰色来传达高级、科技的形象。使用灰色时,大多数利用不同的层次变化组合或搭配其他色彩,如此才不会过于沉闷、呆板、僵硬。

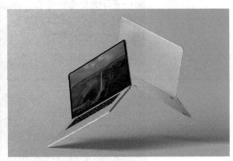

微课视频

色彩的分类
——灰.mp4

图 1-62　灰色示例

4. 三原色

色彩中不能再分解的基本色,并且可以混合成其他所有颜色,而用其他颜色却不能还原出来的颜色称为原色,三原色如图 1-63 所示。

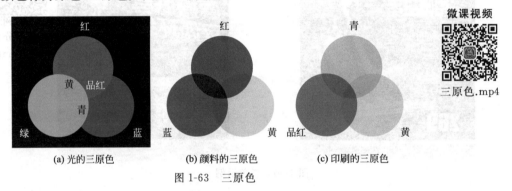

(a) 光的三原色　　(b) 颜料的三原色　　(c) 印刷的三原色

图 1-63　三原色

微课视频

三原色.mp4

5. 色彩的关系

色彩的关系如图 1-64 所示。

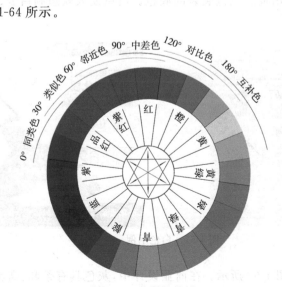

微课视频

色彩的关系.mp4

图 1-64　色彩的关系

（1）同类色。色相性质相同，但色度有深浅之分，如深红与浅红、深绿与浅绿，如图 1-65 所示。

图 1-65　同类色运用效果

（2）类似色。将色相图中相邻或接近的两个色彩搭配在一起即为类似色。类似色运用效果如图 1-66 所示。

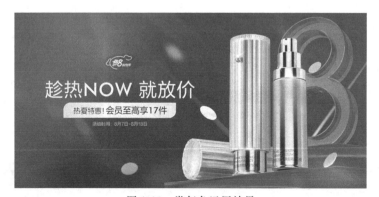

图 1-66　类似色运用效果

（3）中差色。色相环中 90°的配色，如光的色相环上红色和黄绿色互为中差色，给人一种舒适、柔和、和谐的感觉。如图 1-67 所示为中差色的运用效果图。

图 1-67　中差色运用效果

（4）对比色。当两个颜色的色相，在色相环中的夹角大约在 120°左右时，这两个颜色就有明显的对比关系了，夹角越大，对比关系就越强。如图 1-68 所示为对比色的运用效果图。

图 1-68　对比色运用效果

（5）互补色。在色相环中，处于直径相对位置的两色互为补色。黄与蓝、红与青、绿与品红就是互为补色的关系。如图 1-69 和图 1-70 所示为互补色的运用效果图。

图 1-69　互补色运用效果 1

图 1-70　互补色运用效果 2

6. 色彩模式

色彩模式如图 1-71 和图 1-72 所示。

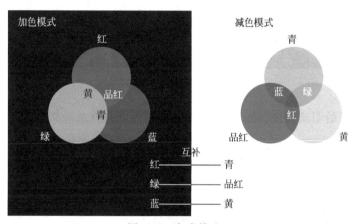

图 1-71　色彩模式 1

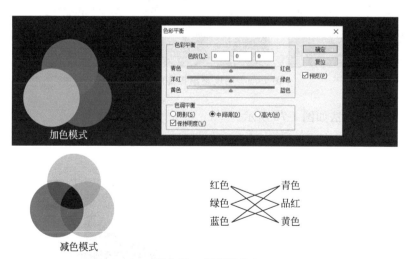

图 1-72　色彩模式 2

色彩平衡工具是最能体现颜色关系的工具。

（1）同一条线上的就是互补色。

（2）左边任意两个相加等于右边不在同一条线上的右边的颜色。

(3) 右边任意两个相加等于左边不在同一条线上的左边的颜色。

7. 色彩属性

(1) 色相：色彩的相貌，如红、橙、黄、绿、青、蓝、紫七种色相，如图 1-73 所示。

微课视频

色彩的属性.mp4

图 1-73 色相

(2) 饱和度(纯度)：色彩饱和程度。图 1-74 所示为饱和度逐渐降低的效果。

图 1-74 饱和度逐渐降低的效果

(3) 明度：色彩的明暗程度。图 1-75 所示为明度逐渐提高的效果。

图 1-75 明度逐渐提高的效果

色彩属性的调整方法如图 1-76 所示。

 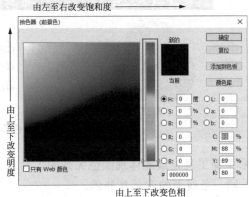

图 1-76 色彩属性的调整方法

8. 色彩冷暖

色彩冷暖如图 1-77 所示。根据人们的心理和视觉判断,色彩有冷暖之分,可分为三个类别:暖色系(红、橙、黄)、冷色系(蓝、绿、蓝紫)、中性色系(绿、紫、赤紫、黄绿等)。

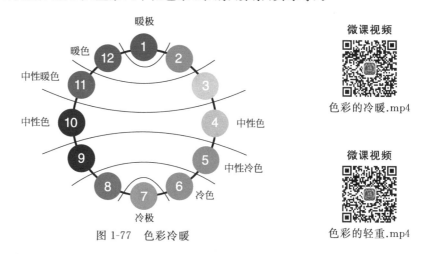

图 1-77 色彩冷暖

9. 色彩轻重

色彩轻重如图 1-78 所示。

图 1-78 色彩轻重

10. 色调

色调有白色调、淡色调、明色调、纯色调、灰色调和暗色调等几种,如图 1-79 所示。

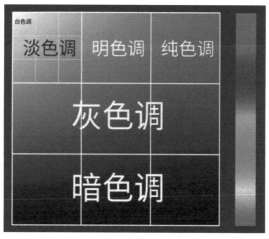

图 1-79 色调

1) 白色调

白色调是饱和度为 0 的色彩元素,其优点是文艺、素雅、简洁、干净,缺点是单调、缺乏个性。白色调适合用于制作色彩较单一的广告，如图 1-80 所示。

图 1-80　白色调应用——笔记本电脑广告

2）纯色调

纯色调的颜色鲜艳，主题明显突出。纯色调的优点是刺激、直接、活力，适合用于制作喜庆类图片和广告，如图 1-81 所示。

微课视频

纯色调.mp4

图 1-81　纯色调应用——颁奖仪式海报

3）明色调

在纯色调中加入少许白色，即可得到明色调。明色调的优点是阳光、活力、明朗、干净，适合用于制作宣传展板，也可以用于制作喜庆类广告，如图 1-82 所示。

微课视频

明色调.mp4

图 1-82　明色调应用——宣传展板画

4)淡色调

在明色调中再加入白色,即可得到淡色调,其优点是纤细、轻快、高档,适合用于制作女装和女性消费品、化妆品之类的广告,如图 1-83 所示。

图 1-83　淡色调应用——青年女装海报

5)灰色调

在纯色调里面加入黑色,便得到灰色调,其优点是成熟、稳重、优雅、文艺。灰色调适合用于制作青年男装广告,如图 1-84 所示。

图 1-84　灰色调应用——男士服装广告

6）暗色调

在灰色调里加入黑色，便得到暗色调。其优点是厚重、古典，适合用于制作高端奢侈品广告，如图 1-85 所示。

微课视频

暗色调.mp4

图 1-85　暗色调应用——高档包海报

11. 色彩平衡

（1）色调平衡。使画面具有层次感，突出主体和文字。色调平衡运用效果如图 1-86 所示。

微课视频

冷暖平衡.mp4

微课视频

互补平衡.mp4

图 1-86　色调平衡运用效果

（2）冷暖平衡。平衡色彩示意图如图 1-87 所示，其应用效果如图 1-88 所示。

（3）互补平衡。在如图 1-89 所示的色环中，正好成 180°角的一对颜色称为互补平衡色，例如，红色与青色，黄色与蓝色，绿色与品红。色彩互补平衡的应用效果如图 1-90(a) 和图 1-90(b) 所示。

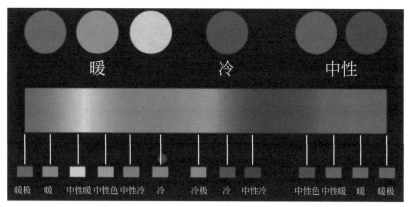

图 1-87　冷暖平衡色彩示意图

图 1-88　冷暖平衡色彩应用效果

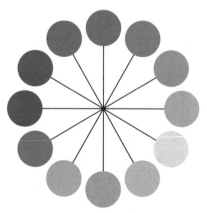

图 1-89　色彩的互补平衡示意图

(a) 靛橙互补效果

(b) 红青互补效果

图 1-90　色彩互补平衡的应用效果

（4）花色和纯色平衡。当背景色很花或没有规则时，就需要用纯色来平衡，如图 1-91 和图 1-92 所示。

微课视频

花色和纯色平衡.mp4

图 1-91　花色和纯色平衡效果 1

图 1-92　花色和纯色平衡效果 2

（5）无彩色和有彩色的平衡。可打破单调配色，突出主体和文字。无彩色和有彩色示意图如图 1-93(a)所示，其应用效果如图 1-93(b)所示。

(a) 无彩色和有彩色示意图

微课视频

无色和有色
平衡.mp4

微课视频

面积平衡.mp4

(b) 无彩色和有彩色的平衡效果

图　1-93

（6）面积平衡。能够具有让画面透气，有层次感的效果，也就是俗称的主色、辅助色和点缀色。面积平衡示意图如图 1-94(a)所示，其应用效果如图 1-94(b)所示。

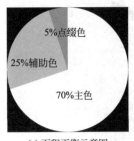

(a) 面积平衡示意图

(b) 面积平衡效果

图 1-94

1.2.4 构图

1. 居中构图

居中构图就是将图片主体居中展现，如图 1-95 所示。

图 1-95 居中构图效果

2. 对角线构图

对角线构图就是将图片主体呈对角线展现，如图 1-96 所示。

图 1-96 对角线构图效果

3. 满版式构图

满版式构图就是将图片主体充满整个画面，如图 1-97 所示。

图 1-97　满版式构图效果

4. 三角形构图

三角形构图就是将图片主体呈三角形展现出来，如图 1-98 所示。

图 1-98　三角形构图效果

5. 黄金分割构图

黄金分割构图就是将图片主体按黄金分割布局展现，如图 1-99 所示。

图 1-99　黄金分割构图效果

6. 上下型构图

上下型构图就是将图片主体呈上下两部分展现,如图 1-100 和图 1-101 所示。

世界最大望远镜.docx

图 1-100　上文下图构图效果　　　　图 1-101　上图下文构图效果

7. 左右型构图

左右型构图就是将图片主体用左右两个部分展现,如图 1-102 所示。

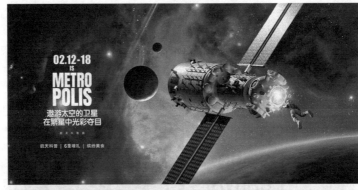

神舟七号飞船.docx

图 1-102　左文右图或右文左图构图效果

1.2.5 字体

网店美工常用字体如下。

(1) 黑体:笔画粗细一致、粗壮有力、突出醒目,具有强调的视觉感,宣传性强,常用于促销广告、导航条,或车、剃须刀、重金属、摇滚、竞技游戏、足球等男性消费者占主导地位的产品图的设计。

(2) 宋体:店铺应用最广泛的字体,其笔画的起点与结束点有额外的装饰,横细竖粗,其外形端庄秀美,具有浓厚的文艺气息,适合用于标题设计。方正大标宋不仅具有宋体的秀美,还具备黑体的醒目性,因此经常被用于女性产品的设计。

(3) 美术体:具有明显的艺术特征,或是将文本的笔画涂抹变形,或用花瓣、树枝等拼凑成各种图形化的字体,其装饰作用强,主要用于海报设计。

(4) 书法体:包括楷体、叶根友毛笔行书、篆书体、隶书体、行书体、燕书体等。书法体具有古朴秀美、历史悠久的特点,常用于古玉、茶叶、笔墨、书籍等古典气息浓厚的店铺中。

网店美工常用字体的使用方法如下。

(1) 信息成组:就是使用不同字体、不同字号的文字组成画面,如图 1-103 所示。

图 1-103　信息组成效果

(2) 大小对比:就是使用不同字号的文字组成画面,如图 1-104 所示。

(3) 方向对比:就是使用不同方向(横排或竖排模式)的文字组成画面,如图 1-105 所示。

图 1-104　大小对比效果　　　　　　图 1-105　方向对比效果

(4) 色彩对比:就是使用不同背景色(以黑、白为主)的文字组成画面,如图 1-106 所示。

板式设计提升课
东方老师直播分享会

板式设计提升课
东方老师直播分享会

图 1-106　色彩对比效果

（5）粗细对比：就是使用粗细不同笔画的文字组成画面，如图 1-107 所示。

10月艺术节
电信院艺术设计大赛
展示你的风采

图 1-107　粗细对比效果

（6）字体对比：就是使用不同字体的文字组成画面，如图 1-108 所示。

10月艺术节
电信院艺术设计大赛
展示你的风采

图 1-108　字体对比效果

（7）颜色对比：就是使用不同色彩的文字组成画面，如图 1-109 所示。

图 1-109　颜色对比效果

（8）疏密对比：就是使用不同间距的文字组成画面，如图 1-110 所示。

10月艺术节
电信院艺术设计大赛
展 示 你 的 风 采

图 1-110　疏密对比效果

（9）前后对比——错层阴影：就是使用虚影的文字组成画面，如图 1-111 所示。

图 1-111　错层阴影效果

（10）前后对比——虚实对比：就是背景文字是虚体，而前景主体是实体的画面，如图 1-112 所示。

图 1-112　虚实对比效果

1.3　Photoshop 的基本概念

Photoshop 是 Adobe 公司推出的重量级图像处理软件，其集图像扫描、编辑修改、图像制作、广告创意、图像输入与输出于一体，深受广大平面设计人员和计算机美术爱好者的青睐。

1.3.1　像素、分辨率和文件格式

1. 像素和分辨率

像素是构成位图图像的最小单位，是位图中的一个小方格。分辨率是指单位长度上的像素数目，单位通常为像素/英寸和像素/厘米，如图 1-113 和图 1-114 所示。

图 1-113　像素示例图

图 1-114　分辨率示例图

2. 文件格式

Photoshop 文件格式包括以下 4 类。

（1）PSD：包含多种颜色模式，能够自定义颜色数并加以存储，还可以保存图像的图层、通道和路径等信息，是目前唯一能够支持全部图像色彩模式的格式。

（2）GIF：一种基于 LZW 算法的连续色调的无损压缩格式，其压缩率一般在 50% 左右。GIF 适合以色块或单色为主的画面，不适合用作高显示质量的图片。

（3）JPEG：在提供良好压缩性能的同时，具有较好的重建质量，被广泛应用于图像、视频处理领域，效果较 GIF 和 PNG 格式有明显的优势。

（4）PNG：替代 GIF 和 TIFF 格式。存储灰度图像时，灰度图像的深度可多达 16 位；存储彩色图像时，彩色图像的深度可多达 48 位，并且还可存储多达 16 位的 α 通道数据。

1.3.2　位图和矢量图

1. 位图

常见的位图格式有 JPEG、PCX、BMP、PSD、PIC、GIF、TIFF 等。

位图图像也称点阵图像，是由许多单独的小方块组成的。这些小方块称为像素点，像素点越多,图像的分辨率越高,图像的文件大小也会随之增大。

位图与分辨率有关,如果在屏幕上以较大的倍数放大显示图像,如图 1-115 所示,或以低于创建时的分辨率输出图像,图像就会出现锯齿状边缘,并且会丢失细节。

图 1-115　位图效果

2. 矢量图

矢量图也称面向对象的图像或绘图图像,在数学上定义为一系列由点连接的线。矢量图中的各种图形元素被称为对象。每一个对象都是独立的个体,都具有大小、颜色、形状、轮廓等属性。

矢量图与分辨率无关,可以将它设置为任意大小,其清晰度不会改变,也不会出现锯齿状的边缘,如图 1-116 所示。在任何分辨率下显示或打印,都不会损失细节。一幅矢量图使用放大工具放大后,其清晰度不变。

图 1-116　矢量图效果

1.3.3　图像的色彩模式

图像的色彩模式有位图模式、灰度模式、双色调模式、索引模式、RGB 模式、CMYK 模式、Lab 模式和多通道模式,如图 1-117 所示。

图 1-117　图像的色彩模式

1.4　Photoshop CC 的工作界面

1. 打开 Photoshop CC 的工作界面

选择"开始"→"所有程序"→Adobe Photoshop CC 命令,启动 Photoshop CC,打开图 1-118 所示的工作界面。

图 1-118　Photoshop CC 的工作界面

2. Photoshop CC 的常用工具

选择"开始"→"所有程序"→Adobe Photoshop CC 命令,打开 Photoshop CC 工作界面,在其左侧为图 1-119 所示的工具箱。

3. Photoshop CC 的"图层"面板

选择"开始"→"所有程序"→Adobe Photoshop CC 命令,打开 Photoshop CC 工作界面,其右下侧为图 1-120 所示的"图层"面板。

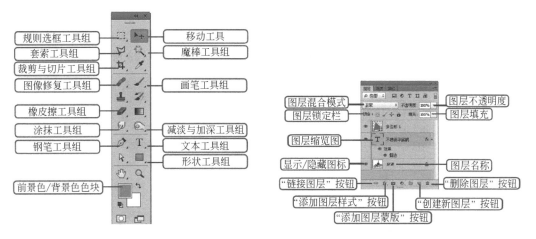

图 1-119 工具箱　　　　　　图 1-120 "图层"面板

1.5 Photoshop 视图

1. 切换商品图像编辑窗口

选择"开始"→"所有程序"→Adobe Photoshop CC 命令，打开 Photoshop CC 工作界面，选择"视图"→"屏幕模式"命令，调出如图 1-121 所示的四种屏幕模式。

(a) 标准屏幕模式

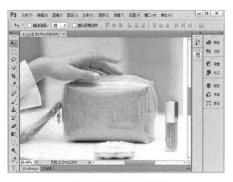

(b) 带有菜单栏的全屏模式

(c) 全屏模式

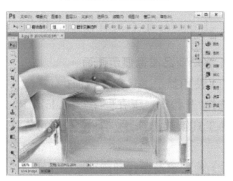

(d) 切换屏幕显示模式

图 1-121　屏幕模式

2. 调整商品图像显示比例

在工具箱中选择缩放工具 🔍，在工具属性栏中单击 🔍 按钮，在图像窗口中单击，即可显示放大图像，如图 1-122 所示；再次单击 🔍 按钮，即可缩小图像，如图 1-123 所示。

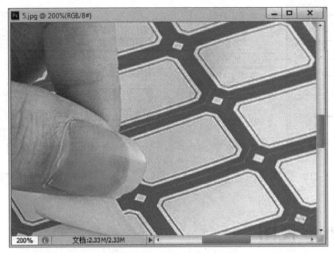

图 1-122　图像放大效果

图 1-123　图像缩小效果

3. 移动商品图像显示画面

（1）使用抓手工具移动画面。

选择"开始"→"所有程序"→Adobe Photoshop CC 命令，打开 Photoshop CC 工作界面，在其左侧工具箱选择抓手工具 ✋，即可在工作界面放大的情况下移动图像画面，如图 1-124 所示。

（2）使用滚动条移动画面。

选择"开始"→"所有程序"→Adobe Photoshop CC 命令，打开 Photoshop CC 工作界面，在图像放大的情况下移动工作界面右侧和下方的滚动条，以移动图像画面，如图 1-125 所示。

图 1-124　移动图像画面 1

图 1-125　移动图像画面 2

思考与练习

一、单项选择题

1. 构成色彩的三要素有（　　）。
   A. 色相、饱和度、明度　　　　　　B. 色素、色相、明度
   C. 饱和度、灰度、明度　　　　　　D. 色素、灰度、饱和度
2. 色彩分为（　　）。
   A. 有彩色和无彩色　　　　　　　　B. 黑、白、灰
   C. 暖色与冷色　　　　　　　　　　D. 调研、规划、生产、投放
3. 光的三原色是（　　）。
   A. 红、黄、蓝　　B. 红、绿、蓝　　C. 红、蓝、紫　　D. 青、蓝、紫
4. Photoshop 是用来处理（　　）的软件。
   A. 图形　　　　　B. 图像　　　　　C. 文字　　　　　D. 动画
5. 下列（　　）是 Photoshop 图像最基本的组成单元。
   A. 节点　　　　　B. 色彩空间　　　C. 像素　　　　　D. 路径

二、判断题

1. 通过 Photoshop 生成的图像文件为矢量图。　　　　　　　　　　　　　　（　　）

2. 按Ctrl+Z组合键可以快速撤销针对图像最近的一步操作。（ ）

3. CMYK颜色模式是一种光色屏幕颜色模式，不适合进行印刷。（ ）

4. 在Photoshop系统中绘制的图像或打开的图片都是位图，适合制作细腻、轻柔缥缈的特殊效果。（ ）

5. JPEG格式是一种合并图层且压缩比例非常卓越的文件存储格式。（ ）

三、简答题

1. 简述点与线的作用。

2. 简述图片中的三元素。

3. 简述色彩的关系。

4. 简述位图与矢量图的区别与联系。

知识拓展

项目 2

图像处理的基本操作

如果想很好地利用 Photoshop 进行图像处理,首先要掌握 Photoshop 的基本操作方法。本章将学习使用 Photoshop CC 进行商品图像处理时涉及的基本操作,包括图像文件的基本操作、图层的基本操作、调整商品图像尺寸、剪裁和变换商品图像等知识。

学习目标
- 了解辅助工具的使用方法;
- 了解设置前景色与背景色的方法;
- 熟悉图像文件的基本操作方法;
- 掌握调整图像尺寸的操作方法;
- 掌握裁剪与变换商品图像的操作方法。

技能目标
- 能够新建、打开、保存和关闭图像文件;
- 能够调整图像大小;
- 能够根据需要裁剪图像,为图像重新构图。

项目 2 素材

素养目标
- 培养对视觉设计锐意进取、精益求精的工匠精神;
- 培养对待挫折的正确态度和坚韧不拔的毅力;
- 培养遵守与互联网和电子商务相关的法律法规意识。

2.1 应用辅助工具

1. 标尺

打开 Photoshop CC 工作界面,选择"视图"→"标尺"命令,打开标尺(图 2-1),或者直接按 Ctrl+R 组合键调出标尺。

2. 网格

打开 Photoshop CC 工作界面,选择"编辑"→"首选项"→"网格"命令,即可打开网格编辑页面,如图 2-2 所示。可在网格编辑页面根据需求设置好网格参数,效果如图 2-3 所示。

 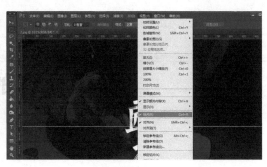

(a) 调出标尺　　　　　　　　　　(b) 标尺 0 点坐标

图 2-1　打开标尺

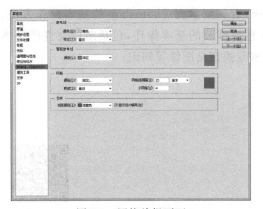 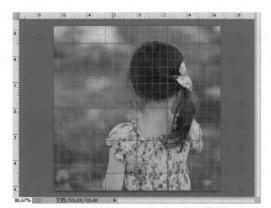

图 2-2　网格编辑页面　　　　　　图 2-3　网格效果

3. 参考线

1) 新建参考线

打开 Photoshop CC 工作界面，选择"视图"→"新建参考线"命令，弹出"新建参考线"对话框，根据需求设置好参数，如图 2-4 所示。

图 2-4　新建参考线

2）删除与移动参考线

打开 Photoshop CC 工作界面，选择"视图"→"清除参考线"命令，即可删除工作界面上的所有参考线。在移动工具 状态下，把鼠标指针放到工作区域的参考线上，待鼠标指针变成上下箭头标识后按住左键移动，即可移动参考线，效果如图 2-5 所示。

图 2-5　移动参考线效果

2.2　设置前景色与背景色

1. 使用颜色工具设置前景色与背景色

打开 Photoshop CC 工作界面，在工具箱中使用颜色工具设置需要的颜色，如图 2-6 所示。

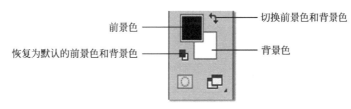

图 2-6　颜色工具

2. 使用"拾色器"对话框设置前景色与背景色

打开 Photoshop CC 工作界面，单击工具箱中的颜色工具，弹出"拾色器"对话框，根据需要设置颜色即可，如图 2-7 和图 2-8 所示。

图 2-7　"拾色器（前景色）"对话框　　　图 2-8　"拾色器（背景色）"对话框

3. 使用"颜色"面板设置前景色与背景色

打开 Photoshop CC 工作界面,在"窗口"菜单选中"颜色"复选框,即可在打开的"颜色"面板中设置需要的颜色,如图 2-9 所示,效果如图 2-10 所示。

图 2-9 "颜色"面板　　　　　图 2-10 吸取颜色效果

2.3　常用图标及快捷键汇总

1. 图标

常用图标汇总如图 2-11 所示。

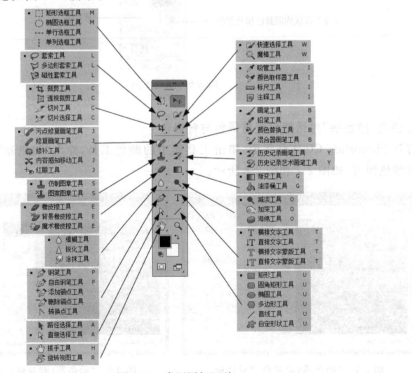

图 2-11　常用图标汇总

2. 常用快捷键汇总

常用快捷键汇总如图 2-12 所示。

【Ctrl+N】：新建文件	【Ctrl+I】：反相	【Ctrl+Shift+]】：将当前层移到最上面
【Ctrl+O】：打开文件	【Ctrl+Shift+N】：新建一个图层	【Ctrl+L】：色阶
【Ctrl++】：放大图像	【Ctrl+G】：从图层建立组	【Ctrl+Shift+L】：自动色阶
【Ctrl+-】：缩小图像	【Ctrl+E】：向下合并	【Ctrl+M】：曲线
【Ctrl+R】：显示标尺	【Ctrl+Shift+E】：合并可见图层	【Alt+Delete】：填充前景色
【Ctrl+Z】：还原/重做前一步操作	【Ctrl+Alt+E】：盖印或盖印连接图层	【Ctrl+Delete】：填充背景色
【Ctrl+Alt+Z】：还原两步以上操作	【Ctrl+Alt+Shift+E】：盖印可见图层	【Ctrl+Enter】：路径转换为选区
【Ctrl+T】：自由变换	【Ctrl+[】：将当前层下移一层	【Alt+Ctrl+G】：创建剪贴蒙版
【Ctrl+D】：取消选择	【Ctrl+]】：将当前层上移一层	【Ctrl+C】：复制
【Ctrl+J】：通过复制建立一个图层	【Ctrl+Shift+[】：将当前层移到最下面	【Ctrl+V】：粘贴
【Ctrl+A】：全选		【Ctrl+2】：显示通道
【Ctrl+Shift+I】：反向选择		
【Ctrl+Alt+R】：调整边缘		
【Ctrl+Shift+U】：去色		

图 2-12　常用快捷键汇总

2.4　图像文件基本操作

2.4.1　新建与打开图像文件

1. 新建图像文件

打开 Photoshop CC 工作界面，选择"文件"→"新建"命令，弹出"新建"对话框，如图 2-13 所示，设置相关参数后即可新建图像文件。

图 2-13　"新建"对话框

2. 打开图像文件

打开 Photoshop CC 工作界面，选择"文件"→"打开"命令，通过弹出的对话框即可打开图像文件。4 种打开图像文件方法如图 2-14 所示。

图 2-14　4 种打开图像文件方法

2.4.2　保存和关闭图像文件

1. 保存图像文件

选择"文件"→"存储"命令,弹出"存储为"对话框,在"保存在"下拉列表中选择存储文件的位置,在"文件名"文本框中输入存储文件的名称,在"格式"下拉列表中选择存储文件的格式,单击"保存"按钮或按 Ctrl＋S 组合键。

2. 关闭图像文件

(1) 单击图像窗口标题栏最右端的"关闭"按钮。

(2) 选择"文件"→"关闭"命令或按 Ctrl＋W 组合键。

(3) 按 Ctrl＋F4 组合键。

2.5　调整商品图像尺寸

调整商品图像尺寸的操作步骤如下。

第 1 步:选择"图像"→"图像大小"命令,或者按 Alt＋Ctrl＋I 组合键,在弹出的"图像大小"对话框(图 2-15)中设置各项参数,单击"确定"按钮。

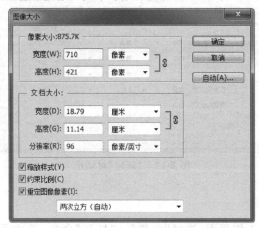

图 2-15　"图像大小"对话框

第 2 步：单击"自动"按钮，弹出"自动分辨率"对话框，如图 2-16 所示。

第 3 步：选择"图像"→"画布大小"命令，在弹出的"画布大小"对话框（图 2-17）中设置各项参数，单击"确定"按钮。画布是指绘制和编辑图像的工作区域。

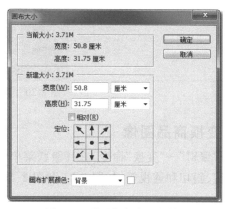

图 2-16 "自动分辨率"对话框　　图 2-17 "画布大小"对话框

2.6 裁剪、变换、复制与粘贴商品图像

2.6.1 裁剪商品图像

打开 Photoshop CC 工作界面，在工具箱中选择裁剪工具 ，设置好裁剪工具的属性（图 2-18）后，即可在工作区域内对图像进行裁剪操作，按 Enter 键提交。裁剪效果如图 2-19 所示。

图 2-18 裁剪工具属性栏

大国工匠.docx

图 2-19 裁剪效果

创建裁剪区域后，单击 按钮，可以设置其他裁剪选项，如图 2-20 所示。

图 2-20　设置裁剪选项

2.6.2　变换商品图像

选择"编辑"→"变换"命令,在其级联菜单中可以对图像进行各种变换操作,如对图像进行缩放、旋转、斜切和透视等,如图 2-21 和图 2-22 所示。

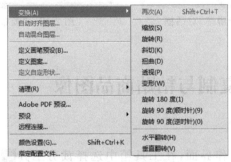

图 2-21　"变换"级联菜单

图 2-22　变换操作

1. 缩放图像

在 Photoshop 菜单栏下选择"编辑"→"变换"→"缩放"命令,显示变换控制框,将鼠标放在缩放点上即可对图像进行水平方向、垂直方向以及对角线方向上的放大以及缩小。效果如图 2-23 所示。

图 2-23　图像缩放效果

2. 旋转图像

在 Photoshop 菜单栏下选择"编辑"→"变换"→"旋转"命令,显示变换控制框,将鼠标指针放在旋转边框的外围上即可对图像进行旋转操作。效果如图 2-24 所示。

图 2-24　图像旋转效果

3. 斜切图像

在 Photoshop 菜单栏下选择"编辑"→"变换"→"斜切"命令,显示变换控制框,将鼠标指针放在斜切的四个顶点上,单击鼠标且移动顶点即可对图像进行斜切操作。效果如图 2-25 所示。

图 2-25　图像斜切效果

4. 扭曲图像

在 Photoshop 菜单栏下选择"编辑"→"变换"→"扭曲"命令,显示变换控制框,将鼠标指针放在扭曲的四个顶点上,单击鼠标且移动顶点即可对图像进行任意方向上的扭曲操作。效果如图 2-26 所示。

图 2-26　图像扭曲效果

5. 透视图像

在 Photoshop 菜单栏下选择"编辑"→"变换"→"透视"命令，显示变换控制框，将鼠标指针放在透视的四个顶点上，单击鼠标且水平或者垂直移动顶点即可对图像进行透视操作。效果如图 2-27 所示。

图 2-27　图像透视效果

6. 变形图像

选择"编辑"→"变换"→"变形"命令，即可调出变形的编辑功能，将鼠标指针放在透视的任意节点上，按住鼠标左键移动，即可对图像进行任意方向的变形，还可以通过控制柄调节变形的幅度。图像变形效果如图 2-28 所示。

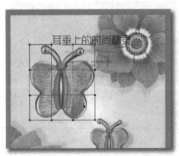

图 2-28　图像变形效果

7. 水平翻转和垂直翻转图像

选择"编辑"→"变换"→"水平翻转"命令，即可使图像以垂直方向为对称轴进行翻转；选择"垂直翻转"命令，即可使图像以水平方向为对称轴进行翻转。图像翻转效果如图 2-29 所示。

(a) 翻转前　　　　　　　(b) 水平翻转　　　　　　　(c) 垂直翻转

图 2-29　图像翻转效果

2.6.3 复制与粘贴商品图像

可按 Ctrl+C 组合键或选择"编辑"→"拷贝"命令进行复制操作,完成复制后,再按 Ctrl+V 组合键对复制内容进行粘贴。图 2-30 为执行复制后粘贴的图像效果。

图 2-30　复制后粘贴的图像效果

注意:复制的对象只能是选区中的内容,若要单独对某图形进行复制操作,需要先将其框选出来,再进行其他操作。

2.7 恢复与还原图像操作

1. 使用菜单命令还原图像操作

选择"编辑"→"还原"命令,可以撤销最近一次对图像所做的操作;撤销之后,选择"编辑"→"重做"命令,可以重做刚刚还原的操作,如图 2-31 所示。

图 2-31　还原和重做命令

2. 使用"历史记录"面板恢复图像操作

"历史记录"面板可以将进行过多次处理操作的图像恢复到任一步操作时的状态,即具有多次恢复功能。

选择"窗口"→"历史记录"命令,打开"历史记录"面板(图 2-32),单击右上方的图标,弹出下拉菜单,选择需要的选项即可。

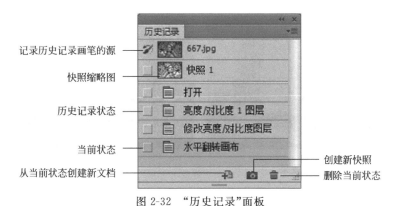

图 2-32　"历史记录"面板

2.8 项目实训

2.8.1 调整倾斜的照片 1

【学习目标】

学习使用不同的选择工具选取不同的商品图像,并应用移动工具调整图像。

【知识要点】

使用 Ctrl+R 组合键调出参考线,使用 Ctrl+T 组合键调整建筑,最终效果如图 2-33 所示。

实操视频

调整倾斜的
照片-1.mp4

图 2-33 调整倾斜的照片效果 1

【操作步骤】

第 1 步:打开"素材库/项目 2/调整倾斜的照片 1"图片,这是一张用广角镜头拍摄的建筑物图片,建筑物的透视发生扭曲,需进行调整,如图 2-34 所示。

第 2 步:按 Ctrl+R 组合键,调出标尺,沿垂直部分拉出两条参考线,沿水平部分拉出一条参考线,作为调整时的参考,如图 2-35 所示。

图 2-34 初始照片效果   图 2-35 拖出参考线效果

第 3 步:按 Ctrl+J 组合键,复制图层;按 Ctrl+T 组合键,自由变换。右击,在弹出的快捷菜单中选择"透视"命令,如图 2-36 所示。

第 4 步:将鼠标指针放在照片右上角位置,向外拖曳鼠标指针,直到建筑物与参考线呈平行时松开,如图 2-37 所示。

图 2-36　选择"透视"命令

图 2-37　调整透视

第 5 步:按 Enter 键,完成改变透视的操作,最终效果如图 2-33 所示。

2.8.2　调整倾斜的照片 2

【学习目标】

学习使用不同的选择工具选取不同的商品图像,并应用移动工具调整图像。

【知识要点】

使用 Ctrl+R 组合键调出参考线,使用 Ctrl+T 组合键调整建筑,最终效果如图 2-38 所示。

调整倾斜的
照片-2.mp4

图 2-38　调整倾斜的照片效果 2

【操作步骤】

第 1 步:打开"素材库/项目 2/调整倾斜的照片 2"图片,这是一张用广角镜头拍摄的建筑物照片,建筑物产生倾斜,需要用标尺工具调整,如图 2-39 所示。

第 2 步:在工具箱中选择标尺工具,沿着建筑物的边缘拉一条斜线,如图 2-40 所示。

　　图 2-39　初始照片效果　　　　　　　　图 2-40　标尺工具拉斜线效果

第 3 步：选择"图像"→"图像旋转"→"任意角度"命令，如图 2-41 所示。
第 4 步：使用裁剪工具保留使用的部分，如图 2-42 所示。

图 2-41　选择"任意角度"命令

图 2-42　使用裁剪工具裁剪

第 5 步：按 Enter 键，完成调整操作，最终效果如图 2-38 所示。

2.8.3 制作标准像

【学习目标】

了解2寸照片尺寸,掌握调整图像大小和自由变换操作。

【操作步骤】

打开"素材库/项目2/人物标准像"图片,调整图片的尺寸为2寸照片大小,使用"画布大小"命令增加白边,定义图案,新建8张2寸图片大小的工作区,进行填充图案,效果如图2-43所示。

第1步:打开Photoshop工作界面,选择"文件"→"打开"命令,打开需要操作的免冠照片,如图2-44所示。

第2步:选择"文件"→"新建"命令,在弹出的"新建"对话框中设置相关属性:宽3.5cm,高4.9cm(2寸照片大小),分辨率为300像素,如图2-45所示。

图2-43 人物标准像效果

图2-44 打开照片

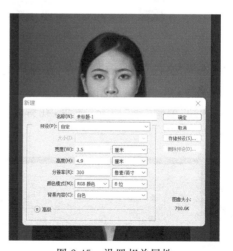

图2-45 设置相关属性

第3步:拖动之前打开的素材文件到新建文件中,按Ctrl+T组合键,自由变换调整大小,如图2-46所示。

第4步:选择"图像"→"画布大小"命令,在弹出的"画布大小"对话框中设置相关参数,如图2-47所示。

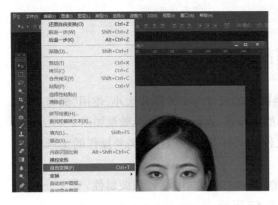
图 2-46 自由变换调整大小

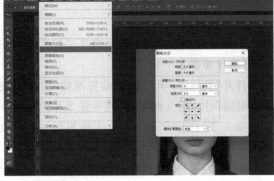
图 2-47 设置画布大小相关参数

第 5 步：选择"编辑"→"定义图案"命令，在弹出的"图案名称"对话框中设置图案名称，单击"确定"按钮，如图 2-48 所示。

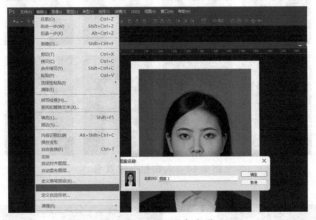
图 2-48 设置图案名称

第 6 步：选择"文件"→"新建"命令，在弹出的"新建"对话框中设置相关属性：宽16cm，高10.8cm，分辨率为 300 像素，如图 2-49 所示。

第 7 步：选择"编辑"→"填充"命令，在弹出的"填充"对话框中选择之前定义的图案，如图 2-50 所示。

图 2-49 新建工作区

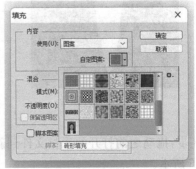
图 2-50 选择填充图案

第8步：单击"确定"按钮，最终效果如图2-43所示。

思考与练习

一、单项选择题

1. 新建文件的默认分辨率是(　　)像素。
   A. 72　　　　　B. 144　　　　　C. 150　　　　　D. 300
2. 下列描述关于参考线和网格正确的是(　　)。
   A. Photoshop 中可以将绘制的直线路径转化为参考线，但不可以转化为网格
   B. Photoshop 中可将参考线转化为网格
   C. Photoshop 中可将网格转化为参考线
   D. 参考线的位置可以任意移动，但网格不可以
3. 在任意工具下，按住(　　)键，可以快速切换到抓手工具。
   A. Enter　　　　B. Esc　　　　C. 空格　　　　D. Delete
4. 可以存储分层文件的格式是(　　)格式。
   A. JPG 和 PSD　　B. TIF 和 PSD　　C. TIF 和 GIF　　D. JPG 和 GIF
5. 若需要修改当前商品图像尺寸，那么可以(　　)。
   A. 双击工具面板中的缩放工具　　B. 执行菜单命令"图像"→"画布大小"
   C. 双击工具面板中的抓手工具　　D. 执行菜单命令"图像"→"图像大小"

二、判断题

1. Photoshop 中填充前景色的快捷键是 Ctrl＋Delete 组合键。(　　)
2. 除了利用缩放工具调整图像的视图大小外，也可以按 Ctrl＋＞组合键和 Ctrl＋＜组合键进行缩放。(　　)
3. 在 Photoshop 中，新建文件默认分辨率值为 72 像素/英寸。如果进行精美彩色印刷，则图像的分辨率最少应不低于 72 像素/英寸。(　　)
4. RGB 颜色模式是一种光色屏幕颜色模式，不适合进行印刷。(　　)
5. 按住 Alt 键的同时单击工具箱的选择工具，就会切换不同的选择工具。(　　)

三、简答题

1. 如何调整图像的尺寸与分辨率？
2. 简述打开文件的方法。
3. 简述存储文件的方法。

项目 3

选区的创建与编辑

选区是 Photoshop 中非常重要的概念,将图像中想要修改的部分创建为选区,这样在对图像进行编辑操作时仅选区内的对象会发生变化,而选区外的对象不会受到影响。因此,熟练运用选区是网店美工必须掌握的技能之一。

学习目标
- 掌握选框工具、磁性套索工具和魔棒工具的使用方法;
- 掌握快速选择工具、椭圆选框工具、矩形选框工具的使用方法;
- 掌握移动选区、羽化选区的方法;
- 掌握全选和反选选区的方法。

技能目标
- 掌握奥运五环的制作方法;
- 掌握分段式的渐变背景的绘制方法;
- 掌握球体的绘制方法。

素养目标
- 弘扬中华美育精神,在设计中传承和弘扬中华优秀传统文化。
- 提高沟通、团队合作、协同工作能力。
- 培养具有主观能动性的学习能力。

项目 3 素材

3.1 选区工具的基本使用

3.1.1 使用魔棒工具抠图

1. 基于颜色差异抠图

"抠图"是数码图像处理中常用的术语,是指将图像中主体物以外的部分去除,或者从图像中分离出部分元素的操作。Photoshop 中的抠图方式有多种,如基于颜色差异获得图像的选区、使用钢笔工具进行精确抠图、通道抠图等。本节主要讲解基于颜色差异进行抠图的工具。Photoshop 中有多种可以通过识别颜色差异创建选区的工具,如快速选择工具、魔棒工具、磁性套索工具、魔术橡皮擦工具、背景橡皮擦工具、"色彩范围"命令等。这些工具位于工具箱的不同工具组以及"选择"菜单中,如图 3-1 所示。

2. 魔棒

魔棒工具用于获取与取样点颜色相似部分的选区。选择魔棒工具(图 3-2),在画面中单击,光标所处位置就是取样点,而颜色是否相似则由容差数值控制的,容差数值越大,可被选择的范围越大,如图 3-3 所示。

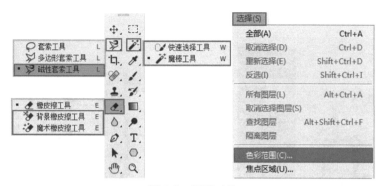

图 3-1　抠图工具

图 3-2　魔棒工具

图 3-3　选择范围

3. 使用魔棒工具去除背景,制作数码产品广告

第 1 步:打开"素材库/项目 3 素材/魔棒工具/图片 1 和图片 2"图片,并把图片 2 拖到图片 1 中,如图 3-4 所示。

第 2 步:选择工具箱中的魔棒工具,按住 Shift 键连选图片 2 背景,如图 3-5 所示。

图 3-4　把图片 2 拖到图片 1 中

图 3-5　魔棒工具连选效果

第 3 步:将图片 2 中的背景删除,取消选区,如图 3-6 所示。

第 4 步:打开"素材库/项目 3 素材/魔棒工具/图片 3"图片,将该图片移动到场景中即可,如图 3-7 所示。

图 3-6　删除背景效果

图 3-7　素材装饰效果

3.1.2　使用快速选择工具抠图

1. 快速选择工具

快速选择工具能够自动查找颜色接近的区域,并创建出这部分区域的选区。选择工具箱中的快速选择工具,将光标定位在要创建选区的位置,首先在选项栏中设置合适的绘制模式以及画笔大小,然后在画面中按住鼠标左键并拖动,即可自动创建与光标移动过的位置颜色相似的选区,如图 3-8 和图 3-9 所示。

图 3-8　快速选择工具

图 3-9　选取区域

2. 使用快速选择工具为饮品照片更换背景

第 1 步:打开"素材库/项目 3 素材/快速选择工具/图片 1 和图片 2"图片,并把图片 2 拖到图片 1 中,如图 3-10 所示。

第 2 步:选择工具箱中的快速选择工具,选中图片 2 背景,如图 3-11 所示。

第 3 步:将图片 2 中的背景删除,取消选区,如图 3-12 所示。

第 4 步:打开"素材库/项目 3 素材/快速选择工具/图片 3"图片,将该图片移动到场景中即可,如图 3-13 所示。

图 3-10　把图片 2 拖到图片 1 中

图 3-11　使用快速选择工具选中图片 2 背景

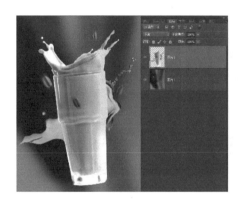
图 3-12　删除背景

图 3-13　移入素材

3.1.3　使用套索工具抠图

选择"套索"工具,把光标移动到要套索的物体边缘,单击鼠标左键不放,然后拖动鼠标在该物体周围绘制,此时会看到一条线,一直拖动鼠标使这条线首尾相接,将在物体周围看到虚线轮廓,如图 3-14 所示。

图 3-14　套索工具使用效果

3.1.4　使用多边形套索工具抠图

选择多边形套索工具,在图像中单击设置所选区域的起点,接着单击设置所选区域的其他点,将鼠标指针移回到起点,单击即可封闭选区,如图 3-15 所示。

图 3-15　多边形套索工具使用效果

3.1.5　使用磁性套索工具抠图

1. 磁性套索工具

磁性套索工具能够自动识别颜色差别,并能够自动描边具有颜色差异的边界,以得到某个对象的选区。磁性套索工具常用于快速选择与背景对比强烈且边缘复杂的对象,如图 3-16 所示。

图 3-16　磁性套索工具使用效果

2. 使用磁性套索工具合成唯美人像

第 1 步:打开"素材库/项目 3 素材/磁性套索工具/图片 1 和图片 2"图片,其中,图片 1 为背景,图片 2 为图层 1,把图片 2 拖到图片 1 中,如图 3-17 所示。

图 3-17　把图片 2 拖到图片 1 中

第 2 步:选择工具箱中的磁性套索工具,选中人物,选择"选择"→"反向"命令,选中图片 2 背景,如图 3-18 所示。

项目 3　选区的创建与编辑

图 3-18　使用磁性套索工具创建选区

第 3 步：将图片 2 中的背景删除，取消选区，使用类似的方法把多余的白色删除，如图 3-19 所示。

第 4 步：打开"素材库/项目 3 素材/磁性套索工具/图片 3"图片，将该图片移动到场景中即可，如图 3-20 所示。

图 3-19　背景删除效果

图 3-20　装饰图片效果

3.1.6　使用背景橡皮擦工具抠图

1. 背景橡皮擦工具

背景橡皮擦是一种基于色彩差异的智能化擦除工具，它可以自动采集画笔中心的色样，同时删除在画笔内出现的这种颜色，使擦除区域成为透明区域，如图 3-21 所示。

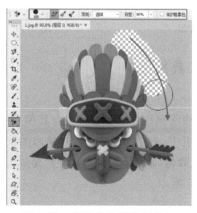

图 3-21　背景橡皮擦使用效果

2. 使用背景橡皮擦工具合成人像海报

第1步:打开"素材库/项目3素材/背景橡皮擦工具/图片1和图片2"图片,并把图片2拖到图片1中,如图3-22所示。

第2步:选择工具箱中的背景橡皮擦工具,涂抹人物边缘,如图3-23所示。

图 3-22　把图片2拖到图片1中　　　　图 3-23　涂抹人物边缘

第3步:配合背景橡皮擦工具,删除人物背景,如图3-24所示。

第4步:打开"素材库/项目3素材/背景橡皮擦工具/图片3"图片,将该图片移动到场景中即可,如图3-25所示。

图 3-24　删除人物背景　　　　图 3-25　装饰图片效果

3.1.7　使用魔术橡皮擦工具抠图

1. 魔术橡皮擦工具

魔术橡皮擦工具可以快速擦除画面中相同的颜色,其使用方法与魔棒工具非常相似。魔术橡皮擦工具位于橡皮擦工具组中,右击该工具组,在弹出的快捷菜单中选择"魔术橡皮擦"工具。首先在选项栏中设置容差数值以及是否连续,设置完成后在画面中单击,即可擦除与单击点颜色相似的区域,如图3-26所示。

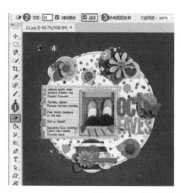

图 3-26　魔术橡皮擦工具使用效果

2. 使用魔术橡皮擦工具去除人物背景

第 1 步：打开"素材库/项目 3 素材/魔术橡皮擦工具/图片 1 和图片 2"图片，并把图片 2 拖到图片 1 中，如图 3-27 所示。

第 2 步：选择工具箱中的魔术橡皮擦工具，擦除人物背景，如图 3-28 所示。

　　图 3-27　把图片 2 拖到图片 1 中　　　　图 3-28　擦除人物背景

第 3 步：移动图片，将人物移动到底部，如图 3-29 所示。

第 4 步：打开"素材库/项目 3 素材/魔术橡皮擦工具/图片 3"图片，将该图片移动到场景中即可，如图 3-30 所示。

　　　图 3-29　移动图片　　　　　　　图 3-30　拖入素材后效果

3.1.8 使用矩形选框抠图

选择工具箱中的矩形选框工具,在属性栏中调整矩形选框工具的属性,如图 3-31 所示。在图像适当位置单击并按住鼠标左键不放,向右下方拖曳鼠标绘制选区;松开鼠标,矩形选区绘制完成,如图 3-32 所示。

图 3-31　调整矩形选框工具的属性

图 3-32　矩形选框工具绘制效果

第 1 步:打开"素材库/项目 3 素材/矩形选框工具/图片 1"图片,选择工具箱中的矩形选框工具,框选所要抠取的物体,如图 3-33 所示。

第 2 步:按 Ctrl+J 组合键,复制选区内容;按 Alt+Delete 组合键,填充前景色,如图 3-34 所示。

图 3-33　框选物体

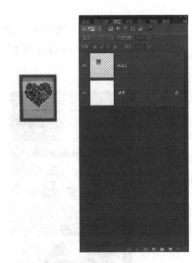

图 3-34　填充前景色

3.1.9 使用椭圆选框工具抠图

选择工具箱中的椭圆选框工具,在图像适当位置单击并按住鼠标左键,拖曳鼠标绘制出需要的选区,松开鼠标左键,椭圆选区即绘制完成,如图3-35所示。

图 3-35　椭圆选框工具绘制效果

第 1 步:打开"素材库/项目 3 素材/椭圆选框工具/图片 1"图片,选择工具箱中的椭圆选框工具,框选所要抠取的物体,如图 3-36 所示。

第 2 步:按 Ctrl+J 组合键,复制选区内的内容,将背景图层的可见性关闭,即可得到目标图的透明背景效果,如图 3-37 所示。

图 3-36　抠取物体

图 3-37　透明背景效果

3.2 使用"色彩范围"命令抠图

1. "色彩范围"命令

"色彩范围"命令可根据图像中某一种或多种颜色的范围创建选区。选择"选择"→"色彩范围"命令,弹出"色彩范围"对话框(图 3-38),在其中可以选择颜色、设置颜色容差以及使用"添加到取样"吸管、"从选区中减去"吸管对选中的区域进行调整。

图 3-38 "色彩范围"对话框

2. 使用"色彩范围"命令制作中国风招贴

第 1 步:打开"素材库/项目 3 素材/色彩范围/图片 1 和图片 2"图片,并将图片 2 拖到图片 1 中,如图 3-39 所示。

第 2 步:选择"选择"→"色彩范围"命令,将图片 2 上的蓝色背景清除,按 Ctrl+D 组合键,取消选区,如图 3-40 所示。

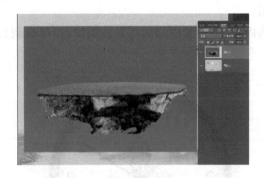

图 3-39 把图片 2 拖到图片 1 中

图 3-40 清除背景

第 3 步:打开"素材库/项目 3 素材/色彩范围/图片 3 和图片 4"图片,并将图片 3、图片 4 拖动到场景中,效果如图 3-41 所示。

第 4 步:对图片 4 使用"色彩范围"命令取出云彩,并把该图层的可见性关闭,效果如图 3-42 所示。

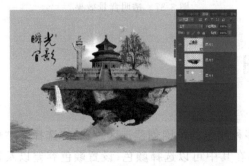

图 3-41 拖入图片效果

图 3-42 取出云彩

3.3 编辑与修改选区

1. 移动选区

打开"素材库/项目3/矩形选框工具/图片1"图片,在图像适当位置单击并按住鼠标左键,拖曳鼠标绘制出需要的选区,松开鼠标左键,选区绘制完成。把鼠标指针放到选区内,按住鼠标左键拖动即可移动创建好的选区,如图3-43所示。

图3-43 移动选区

2. 全选选区和反选选区

打开图片素材,按Ctrl+A组合键,即可完成选区的全选,效果如图3-44(a)所示。选择矩形选框工具,在图像适当位置单击并按住鼠标左键,拖曳鼠标绘制出需要的选区,松开鼠标左键,选区绘制完成。按Ctrl+Shift+I组合键,即可执行图像选区的反选,完成选区内容之外的内容选区的创建,效果如图3-44(b)所示。

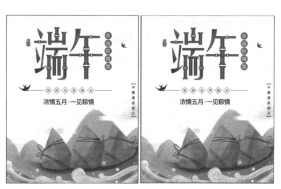

端午节.docx

(a) 全选选区

(b) 反选选区

图3-44 全选和反选选区

3. 羽化选区

"羽化"命令主要用于柔化选区的边缘,使其产生一种渐变的效果,以免选区边缘过于生硬。打开图片素材,使用矩形选框工具框选出图片中需要的部分,按 Ctrl+J 组合键,复制选区内的图片,效果如图 3-45 所示;打开图片素材,使用矩形选框工具框选出图片中需要的部分,右击,在弹出的快捷菜单中选择"羽化"命令,弹出"羽化选区"对话框,设置羽化半径为 30 像素,单击"确定"按钮,即可完成选区的羽化,效果如图 3-46 所示。

图 3-45 羽化前

图 3-46 羽化后

3.4 项目实训

3.4.1 绘制奥运五环

【学习目标】

掌握椭圆选框工具的使用方法。

【知识要点】

新建一个工作区,使用参考线定位中心点,以中心点为起点绘制环形选区,填充相应的颜色,对该图层进行复制,从而产生奥运五环,如图 3-47 所示。

实操视频

五环图形的
制作.mp4

图 3-47 奥运五环

【操作步骤】

第1步:按 Ctrl+N 组合键,弹出"新建"对话框,设置宽度和高度均为 800 像素,分辨率为 72 像素/英寸,如图 3-48 所示。

图 3-48　新建工作区

第2步:按 Ctrl+R 组合键,显示标尺,选择"视图"→"新建参考线"命令,弹出"新建参考线"对话框,设置水平和垂直参考线位置为 400 像素。

第3步:按 Ctrl+Shift+N 组合键,弹出"新建"对话框,新建一个图层,并命名为"环1",如图 3-49 所示。

第4步:在工具箱中选择椭圆选框工具,以参考线交叉的中心点为起点,按 Ctrl+Alt+Shift 组合键,绘制一个正圆选区,如图 3-50 所示。

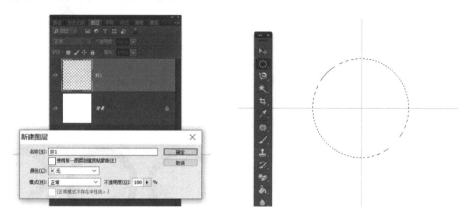

图 3-49　新建图层　　　　图 3-50　绘制正圆选区

第5步:单击工具栏中的"从选区减去"按钮,使用椭圆选框工具,以中心点为起点,再绘制一个正圆选区,如图 3-51 所示。

第6步:将前景色设置为红色,按 Alt+Delete 组合键,填充红色在环1图层上,如图 3-52 所示。

第7步:按 Ctrl+Shift+N 组合键,弹出"新建"对话框,新建一个图层,并命名为"环2",将前景色设置为黑色,并填充在环2图层上,如图 3-53 所示。

第8步:新建环3、环4、环5图层,并填充相应的黄、绿、蓝色,如图 3-54 所示。

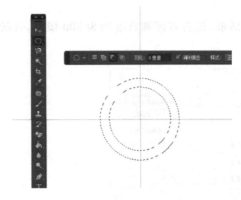
图 3-51 绘制环选区

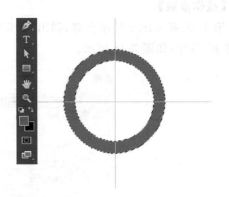
图 3-52 填充红色

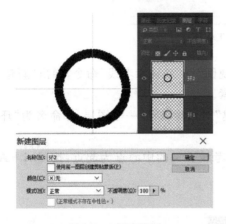
图 3-53 新建图层

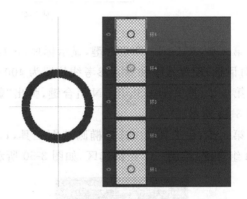
图 3-54 五环

第 9 步：按 Ctrl＋D 组合键，取消选区，使用移动工具移动图层中不同的环，如图 3-55 所示。

第 10 步：按 Ctrl＋H 组合键，隐藏参考线即可，如图 3-56 所示。

图 3-55 取消选区并移动环

图 3-56 隐藏参考线

第 11 步：单击环 5，使其为当前图层，按住 Ctrl 键，点击跟它相关的黑色环 2 缩略图，使用橡皮擦工具擦除其中一侧的黑色，如图 3-57 所示。

第 12 步：使用类似的方法让五环相扣，如图 3-47 所示。

图 3-57 单环相扣

3.4.2 绘制分段式渐变背景

【学习目标】

掌握椭圆选框工具的使用方法。

【知识要点】

新建一个工作区,使用参考线定位中心点,以中心点为起点绘制一个正圆选区。新建一个图层,填充红色;新建一个图层,绘制一个正圆选区,填充白色;新建一个图层,绘制一个正圆选区,填充黄色。依此类推,效果如图 3-58 所示。

图 3-58 分段式渐变背景

实操视频

绘制分段式的
渐变背景.mp4

【操作步骤】

第 1 步:按 Ctrl+N 组合键,弹出"新建"对话框,宽、高均设置为 800 像素,分辨率为 72 像素/英寸,如图 3-59 所示。

第 2 步:按 Ctrl+R 组合键,显示标尺,选择"视图"→"新建参考线"命令,弹出"新建参考线"对话框,设置水平和垂直参考线位置为 400 像素,如图 3-60 所示。

图 3-59 新建工作区

图 3-60 新建参考线

第3步：按Ctrl+Shift+N组合键，弹出"新建图层"对话框，新建一个图层，并命名为"环1"，如图3-61所示。

第4步：在工具箱中选择椭圆选框工具，以参考线交叉的中心点为起点，按Ctrl+Alt+Shift组合键，绘制一个正圆选区，如图3-62所示。

 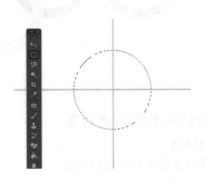

图3-61　新建图层　　　　　　　图3-62　绘制正圆选区

第5步：将前景色设置为红色，按Alt+Delete组合键，填充红色在环1图层上，如图3-63所示。

第6步：按Ctrl+D组合键，取消选区。在工具箱中选择椭圆选框工具，以参考线交叉的中心点为起点，按Ctrl+Alt+Shift组合键，绘制一个正圆选区，填充白色，如图3-64所示。

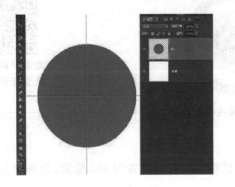 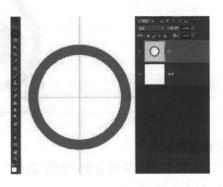

图3-63　填充红色　　　　　　　图3-64　绘制正圆选区填充白色

第7步：按Ctrl+D组合键取消选区。在工具箱中选择椭圆选框工具，以参考线交叉的中心点为起点，按Ctrl+Alt+Shift组合键，绘制一个正圆选区，填充黄色，如图3-65所示。

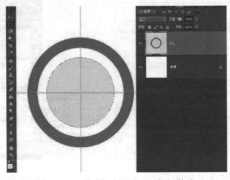

图3-65　绘制正圆选区填充黄色

第 8 步:使用同样的方法,绘制一个正圆选区并填充红色。取消选区,按 Ctrl+H 组合键,隐藏参考线即可,如图 3-58 所示。

3.4.3 绘制球体

【学习目标】

了解三大面和明暗五调子,掌握渐变工具和椭圆选框工具的使用方法。

【知识要点】

新建一个工作区,使用参考线定位中心点,以中心点为起点绘制一个正圆选区。新建一个图层,按照明暗五调子,使用渐变工具调制好颜色上色,添加投影。球体最终效果如图 3-66 所示。

绘制球体.mp4

图 3-66 球体

【操作步骤】

第 1 步:打开"素材库/项目 3 素材/五调子 1、2"图片,了解三大面和明暗五调子,如图 3-67 所示。

第 2 步:按 Ctrl+N 组合键,弹出"新建"对话框,设置宽、高均为 800 像素,分辨率为 72 像素/英寸,如图 3-68 所示。

图 3-67 明暗五调子

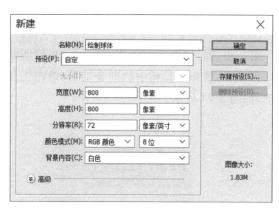

图 3-68 新建工作区

第 3 步:按 Ctrl+R 组合键,显示标尺,选择"视图"→"新建参考线"命令,弹出"新建参考线"对话框,设置水平和垂直参考线位置为 400 像素,如图 3-69 所示。

第 4 步:按 Ctrl+Shift+N 组合键,弹出"新建图层"对话框,新建一个图层,并命名为"球体",如图 3-70 所示。

 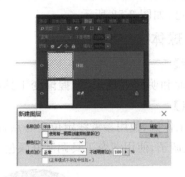

图 3-69　新建参考线　　　　图 3-70　新建图层

第 5 步：在工具箱中选择椭圆选框工具，以参考线交叉的中心为起点，按 Ctrl＋Alt＋Shift 组合键，绘制一个正圆选区，如图 3-71 所示。

第 6 步：在工具箱中选择渐变工具，单击工具栏上的"点按可编辑渐变"按钮，如图 3-72 所示。

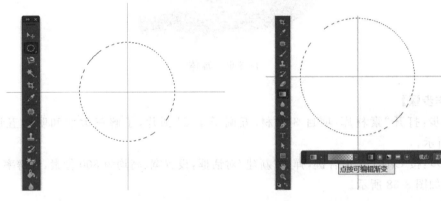

图 3-71　绘制正圆选区　　　　图 3-72　单击"点按可编辑渐变"按钮

第 7 步：弹出"渐变编辑器"对话框，根据明暗五调子进行设置，如图 3-73 所示。

第 8 步：选择工具箱中的渐变工具，单击工具栏中的"径向渐变"按钮，从左上角向右下角拖动，如图 3-74 所示。

 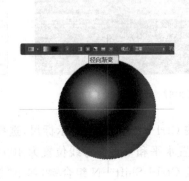

图 3-73　调色　　　　图 3-74　上色

第 9 步：按 Ctrl+D 组合键，取消选区。按 Ctrl+Shift+N 组合键，弹出"新建图层"对话框，在"球体"图层下新建一个图层，并命名为"投影"，如图 3-75 所示。

第 10 步：选择工具箱中的椭圆选框工具，在球体底部绘制一个椭圆选区，如图 3-76 所示。

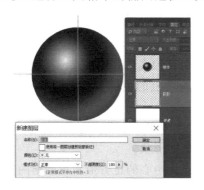
图 3-75　新建图层

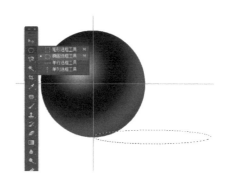
图 3-76　绘制椭圆选区

第 11 步：将前景色设置为黑色，按 Alt+Delete 组合键，在投影图层上填充黑色，取消选区，如图 3-77 所示。

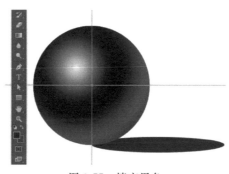
图 3-77　填充黑色

第 12 步：选择"滤镜"→"模糊"→"高斯模糊"命令，最终效果如图 3-66 所示。

思考与练习

一、单项选择题

1. 向画面中快速填充前景色的快捷键是（　　）。
   A. Alt+Delete　　　　　　　　B. Ctrl+Delete
   C. Shift+Delete　　　　　　　D. Ctrl+Alt

2. 当画面中有选区时，按 Alt 键，可（　　）画面中的选区。
   A. 减少　　　　B. 取消　　　　C. 增加　　　　D. 反选

3. 当画面中有选区时，按 Shift 键，可（　　）画面中的选区。
   A. 减少　　　　B. 取消　　　　C. 增加　　　　D. 反选

4. 羽化选择命令的快捷键是（　　）组合键。
   A. Shift+Ctrl+A　　　　　　　B. Shift+Ctrl+B

C. Shift+Ctrl+I　　　　　　　　D. Ctrl+Alt+D
5. 反选命令的快捷键是(　　)组合键。
A. Shift+Ctrl+A　　　　　　　　B. Shift+Ctrl+B
C. Shift+Ctrl+I　　　　　　　　D. Ctrl+Alt+D

二、判断题

1. PSD 格式是一种分层的且完全保存文件颜色信息的文件存储格式。　　　　(　　)
2. 在 Color Range(色彩范围)对话框中为了调整颜色的范围,应当调整 Feather(羽化)数值。　　　　(　　)
3. 为了确定磁性套索工具对图像边缘的敏感程度,应调整边缘对比度。　　(　　)
4. 矩形选框工具形成的选区可以被用来定义画笔的形状。　　　　(　　)
5. 按住 Alt 和 Shift 键,可以形成以鼠标指针落点为中心的正方形和正圆形的选区。
　　　　(　　)

三、简答题

1. 工具箱中用于创建选区的工具主要有哪些?
2. 使用魔棒工具创建图像选区时,决定选区范围的因素主要有哪些?
3. 简述选区在图像处理过程中的作用。

项目 4

图层的应用

Photoshop 中的图像是由一个或多个图层组成的。图层是 Photoshop 进行图形绘制和图像处理的最基础和最重要的工具。灵活地运用图层可以提高制图效率，创作出丰富的艺术效果。

学习目标
- 掌握应用图层样式的方法；
- 掌握应用图层混合模式的方法；
- 掌握应用填充图层和调整图像的方法。

技能目标
- 掌握文字装饰画的制作方法；
- 掌握小清新化妆品 banner 的制作方法；
- 掌握手镯海报的制作方法。

素养目标
- 培养能够准确观察和分析图像的能力；
- 培养艺术感知能力和审美能力；
- 培养能够不断改进学习方法的自主学习能力。

项目 4 素材

4.1 图层的基本操作

1. 图层的概念

以图层为模式的编辑方法是 Photoshop 的核心思路。在 Photoshop 中，图层是编辑处理图像时必备的承载元素。通过图层的堆叠与混合可以制作出多种多样的效果，用图层来实现效果是一种直观而简单的方法，且各图层之间互不影响。

图层是 Photoshop 中最重要的组成部分，它就如同堆叠在一起的透明胶片，在不同图层上进行绘画就像是将图层中的不同元素分别绘制在不同的透明胶片上，然后按照一定的顺序进行叠放后形成完整的图像。对某一图层进行操作就相当于调整某些胶片的上下顺序或移动其中一张胶片的位置，调整完成后堆叠效果也会发生变化。因此，图层操作就类似于对不同图像所在的胶片进行调整或修改。

2. 认识"图层"面板

"图层"面板是对图层进行操作的主要场所，可对图层进行新建、重命名、存储、删除、锁定和链接等操作。打开 Photoshop CC 工作界面，选择"窗口"→"图层"命令，即可打开"图层"面板,如图 4-1 所示。

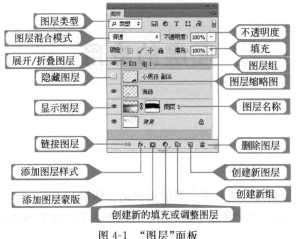

图 4-1 "图层"面板

3. 图层的基本操作

(1) 复制图层。按 Ctrl+J 组合键,即可复制当前选择的图层;拖动图层至"新建图层"按钮上也可复制该图层。

(2) 合并图层。选择两个或两个以上要合并的图层,选择"图层"→"合并图层"命令或按 Ctrl+E 组合键,可将多个图层合并为一个图层;选择"图层"→"合并可见图层"命令或按 Shift+Ctrl+E 组合键,合并可见图层,其中隐藏的图层不进行合并。

(3) 盖印图层。若要将多个图层内容合并到一个新的图层中,同时保留原来的图层不变,可执行盖印图层操作。选择多个图层,按 Ctrl+Alt+E 组合键,可将选择的图层盖印到一个新的图层中。

(4) 利用图层组管理图层。当图层较多时,可使用图层组进行分类管理,方便后期查找与修改。选择需要移动到一个图层组的图层,按 Ctrl+G 组合键,即可将其移动到新建的图层组中,双击组名称或图层名称可重命名组名称或图层名称;也可单击"新建图层组"按钮新建图层组,然后将图层拖动到该图层组中。

4.2 创建图层

创建图层的方法有很多种,可以在"图层"面板中创建新的普通空白图层,也可以通过复制已有的图层创建新的图层,还可以将图形中的局部创建为新的图层,当然也可以通过相应的菜单命令创建图层,如图 4-2 所示。

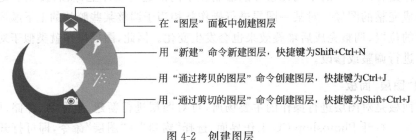

图 4-2 创建图层

4.3 应用图层

1. 将背景图层转换为普通图层

要将背景图层转换为普通图层,可以采用以下 4 种方法。

第 1 种:在"背景"图层上右击,在弹出的快捷菜单中选择"背景图层"命令,弹出"新建图层"对话框,单击"确定"按钮,即可将其转换为普通图层,如图 4-3 所示。

图 4-3　将背景图层转换为普通图层

第 2 种:在"背景"图层的缩略图上双击,弹出"新建图层"对话框,单击"确定"按钮即可。

第 3 种:按住 Alt 键,双击"背景"图层,"背景"图层将直接转换为普通图层"图层 0"。

第 4 种:选择"图层"→"新建"→"背景图层"命令,可以将"背景"图层转换为普通图层。

2. 将普通图层转换为背景图层

要将普通图层转换为"背景"图层,可以采用以下两种方法。

第 1 种:在图层名称上右击,在弹出的快捷菜单中选择"拼合图像"命令,此时图层将被转换为"背景"图层,如图 4-4 所示。另外,选择"图层"→"拼合图像"命令,也可以将图像拼合成背景图层。

图 4-4　将普通图层转换为背景图层

第 2 种：选择"图层"→"新建"→"图层背景"命令，可以将普通图层转换为背景图层。

4.4 项目实训

4.4.1 制作文字装饰画

【学习目标】

掌握图层混合模式的使用。

【知识要点】

打开贴花，使用矩形选框工具框选择自己喜欢的花样，放在人物图像上，并将混合模式设置为"正片叠底"，如图 4-5 所示。

图 4-5 文字装饰画

实操视频

制作文字装饰画.mp4

【操作步骤】

第 1 步：按 Ctrl+O 组合键，打开"素材库/项目 4 素材/贴花"图片，如图 4-6 所示。

第 2 步：在工具箱中选择矩形选框工具，框选自己喜欢的图案，如图 4-7 所示。

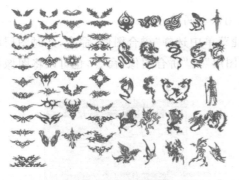

图 4-6 贴花图片

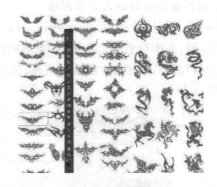

图 4-7 框选图案

第 3 步：按 Ctrl+J 组合键，复制选区图像，生成图层 1，并把背景图层眼睛关闭，如图 4-8 所示。

第 4 步：按 Ctrl+O 组合键，打开"素材库/项目 4 素材/汉服美女"图片，如图 4-9 所示。

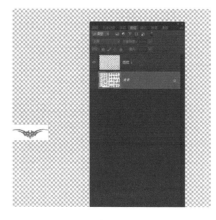

图 4-8　复制选区图像

图 4-9　汉服模特图片

第 5 步：将复制的图层 1 拖动到刚打开的"汉服美女"图片上，将混合模式设置为"正片叠底"，移动到额头位置即可。

4.4.2　制作小清新化妆品 banner

【学习目标】

掌握"图层"面板的使用。

【知识要点】

创建海报，打开化妆品和水珠，使用文字工具输入文案，使用矩形工具和圆角矩形工具创建图形，最终效果如图 4-10 所示。

实操视频

制作小清新化妆品
Banner.mp4

图 4-10　小清新化妆品 banner 最终效果

【操作步骤】

第 1 步：按 Ctrl＋N 组合键，弹出"新建"对话框，设置尺寸参数，如图 4-11 所示。

第 2 步：按 Ctrl＋O 组合键，打开"素材库/项目 4 素材/背景素材和水珠 3"两张素材，并拖动到新建的窗口中，效果如图 4-12 所示。

第 3 步：按 Ctrl＋O 组合键，打开"素材库/项目 4 素材/化妆品、水珠、水珠 1"三张图片，并拖动到新建的窗口中，如图 4-13 所示。

第 4 步：单击"图层"面板底部的"创建新组"按钮，创建"文字"组，设置背景色为黑色，前景色为浅蓝色，效果如图 4-14 所示。

图 4-11　新建工作区

图 4-12　打开图片 1

图 4-13　打开图片 2

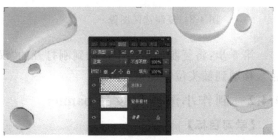

图 4-14　调整前景色

第 5 步：在工具箱中选择文字工具，输入"唤醒肌肤，水润套装"，文字参数设置如图 4-15 所示。

第 6 步：使用文字工具，在文字组内输入图 4-16 所示文字，设置文字参数，效果如图 4-16 所示。

图 4-15　输入文字并设置参数 1

图 4-16　输入文字并设置参数 2

第 7 步：选择所有的文字图层，单击工具栏中的"水平居中对齐"按钮，效果如图 4-17 所示。

第 8 步：单击"图层"面板底部的"创建新组"按钮，创建"装饰"组。在工具箱中选择矩形工具，绘制如图 4-18 所示文字外围的图形，并修改对应文字的颜色，效果如图 4-18 所示。

图 4-17　文字水平居中对齐　　　　图 4-18　绘制图形

第 9 步：在工具箱中选择圆角矩形工具，绘制圆角矩形，放置在"冬/季/促/销"的文字图层下，效果如图 4-19 所示。

图 4-19　绘制圆角矩形

第 10 步：在工具箱中选择直线工具，在文字部分"2019 初冬新品首发"绘制直线，效果如图 4-10 所示。

4.4.3　制作手镯海报

【学习目标】

掌握图层样式的使用。

【知识要点】

创建海报，拖出参考线，以中心点为起点绘制环形，使用图层样式填充效果，最后添加文案，最终效果如图 4-20 所示。

图 4-20　手镯海报最终效果

【操作步骤】

第 1 步：按 Ctrl＋N 组合键，弹出"新建"对话框，设置宽为 1920 像素，高为 900 像素，分辨率为 72 像素/英寸，如图 4-21 所示。

第 2 步：按 Ctrl＋R 组合键，显示标尺，选择"视图"→"新建参考线"命令，弹出"新建参考线"对话框，设置水平和垂直参考线位置分别为 450 像素和 960 像素，如图 4-22 所示。

图 4-21　新建工作区

图 4-22　新建参考线

第 3 步：按 D 键，将前景色设置为默认颜色黑色，按 Alt＋Delete 组合键，在背景图层上填充前景色，如图 4-23 所示。

第 4 步：单击"图层"面板底部的"创建新组"按钮，创建新组"组 1"。按 Ctrl＋Shift＋N 组合键，弹出"新建图层"对话框，新建图层并命名为"手镯"，如图 4-24 所示。

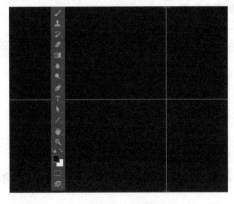

图 4-23　填充黑色

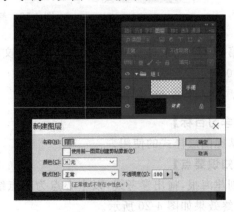

图 4-24　新建图层

第 5 步：在工具箱中选择椭圆选框工具，以参考线交叉的中心点为起点，按 Ctrl＋Shift 组合键，绘制一个正圆选区，如图 4-25 所示。

第 6 步：单击工具栏中的"从选区减去"按钮，使用椭圆选框工具，以中心点为起点，再绘制一个环形选区，如图 4-26 所示。

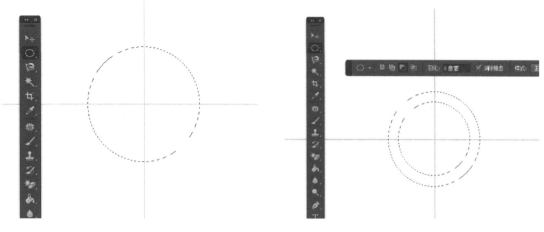

图 4-25　绘制正圆选区　　　　　　　　图 4-26　绘制环形选区

第 7 步：按 X 键，将前景色和背景色互换。按 Alt＋Delete 组合键，在手镯图层上填充白色，按 Ctrl＋D 组合键，取消选区，如图 4-27 所示。

第 8 步：选择"图层"→"图层样式"→"内发光"命令，弹出"图层样式"对话框，在"内发光"中单击色块，弹出"拾色器"对话框，设置内发光颜色为绿色（R：29，G：140，B：128），调整内发光的大小，如图 4-28 所示。

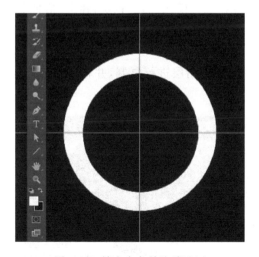

图 4-27　填充白色并取消选区

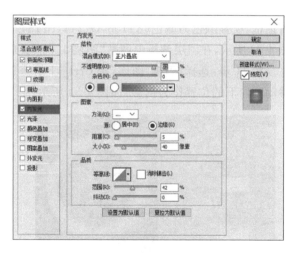

图 4-28　设置图层样式

第 9 步：选择"斜面和浮雕"样式，在其选项栏中设置内斜面样式，调整斜面的大小和软化，并设置"等高线"。选择"光泽"样式，设置"距离"和"大小"，单击"等高线"预览图，弹出"等高线编辑器"对话框，调整曲线形状，单击"好"按钮，如图 4-29～图 4-31 所示。

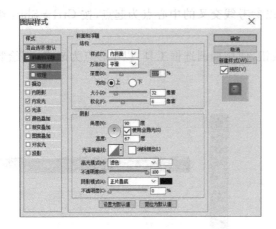

图 4-29 设置斜面和浮雕

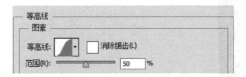

图 4-30 设置等高线

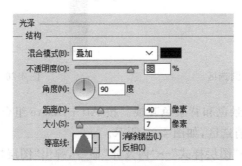

图 4-31 设置光泽

第 10 步:设置"颜色叠加"样式,单击如图 4-31 所示"混合模式"后的色块,弹出"拾色器"对话框,设置颜色为绿色(R:158,G:244,B:184)。图层样式设置完毕,单击"好"按钮,效果如图 4-32 所示,在图层调板中调整"图层 1"的"填充"选项为 80%。

第 11 步:选择"手镯"图层,按 Ctrl+J 组合键,对"手镯"图层进行复制,并将"手镯"图层移动到向下的位置作为倒影,如图 4-33 所示。

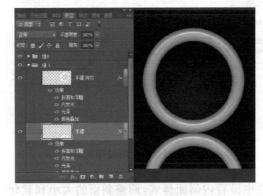

图 4-32 颜色叠加

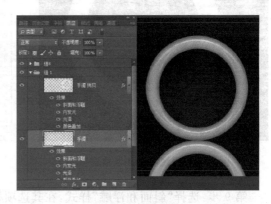

图 4-33 复制图层

第 12 步:在"手镯"图层上单击图层底部的"添加矢量蒙版"按钮创建蒙版,并选择工具箱中的渐变工具,使用白色-黑色渐变填充,如图 4-34 所示。

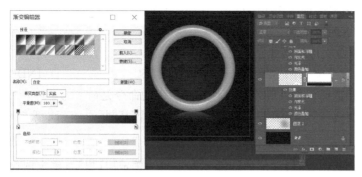

图 4-34 使用蒙版

第 13 步:打开"素材库/项目 4 素材/文案"图片,并拖入工作区中,如图 4-35 所示。

图 4-35 拖入文案

第 14 步:打开"素材库/项目 4 素材/背景素材 2"图片,并拖入工作区中,效果如图 4-20 所示。

思考与练习

一、单项选择题

1. 下列不可以建立新图层的方法是( )。
   A. 双击图层调板的空白处
   B. 单击"图层"面板下方的"新建"按钮
   C. 使用鼠标将当前图像拖动到另一张图像上
   D. 使用文字工具在图像中添加文字

2. Photoshop 中的"变换"命令不能对( )图层进行操作。
   A. 图层中选取的部分区域　　B. Alpha 通道
   C. 图层蒙版　　　　　　　　D. 背景层

3. 对于一个已具有图层蒙版的图层而言,如果再次单击"添加蒙版"按钮,则下列能够正确描述操作结果的是( )。
   A. 无任何结果
   B. 将为当前图层增加一个图层剪贴路径蒙版

C. 为当前图层增加一个矢量蒙版,从而使当前图层具有两个蒙版

D. 删除当前图层蒙版

4. Photoshop 源文件的格式是(　　)。

　　A. AI　　　　　　B. PSD　　　　　　C. CDR　　　　　　D. INDD

5. 将剪贴板中的图像粘贴到当前文件新图层中的命令是(　　)。

　　A. 编辑/变换　　　B. 编辑/粘贴　　　C. 编辑/复制　　　D. 编辑/填充

二、判断题

1. 在"图层"面板中,图层左侧的 ▨ 表示当前层为锁定层(提示:锁定图像像素),所有操作对这一层都将不起作用。　　(　　)

2. 利用文本工具在图像文件中输入文字后,可以不进行图层转换而使用"滤镜"命令制作各种艺术效果。　　(　　)

3. 单击图层左侧的 ▨ 图标,出现 ▨ 符号,表示此层与当前层链接,成为一个链接层,当移动当前层中的图像时,所有处于链接层中的图像都被一起移动。　　(　　)

4. 填充图层可以将图像自动对齐和分布。　　(　　)

5. 在图层蒙版里用黑色画笔涂抹,可以遮盖住图层内相对应位置的图像信息。　　(　　)

三、简答题

1. 常见的图层混合模式有哪些?

2. 简述图层的分类及其特点。

项目 5

网店图像的色调与色彩

在网店图像处理过程中,常常需要根据实际情况对图像的色彩和色调进行调整。在 Photoshop CC 中提供了许多色彩和色调调整工具,这在处理图像时极为有用。本章将学习基本的颜色调整命令,介绍如何在图像中调出富有感染力的色彩。

学习目标
- 掌握图像色阶、曲线、曝光度的使用方法;
- 掌握图像亮度/对比度、自然饱和度、色相/饱和度的处理技巧;
- 掌握图像色彩平衡、可选颜色的使用方法;
- 掌握图像反向、色调分离、阈值的使用方法。

技能目标
- 掌握照片曝光过度和不足的处理方法和技巧;
- 掌握灰度照片的处理方法和技巧;
- 掌握暗亮不均照片的处理方法和技巧;
- 掌握严重偏色照片的处理方法和技巧。

素养目标
- 传承和弘扬中华民族优秀传统文化;
- 培养发现问题和分析问题的能力;
- 培养自主进行软件练习的能力。

项目 5 素材

5.1 调整图像的色调

5.1.1 直方图

1. 图像的色调与色彩

调色是数码照片编修中非常重要的功能,图像的色彩在很大程度上能够决定图像的"好坏",只有与图像主题相匹配的色彩才能正确地传达图像的内涵。设计作品也是一样,正确地使用色彩对设计作品而言也是非常重要的。不同的颜色往往带有不同的情感倾向,对于消费者心理产生的影响也不相同。在 Photoshop 中,我们不仅要学习如何使画面的色彩"正确",还可以通过调色技术的使用,制作各种各样风格化的色彩。

2. 直方图

直方图是用图形表示图像的每个亮度级别的像素数量。在直方图中,横向代表亮度,左侧为暗部区域,中部为中间调区域,右侧为高光区域;纵向代表像素数量,纵向越高,表示分布在该亮度级别的像素越多,如图 5-1 所示。

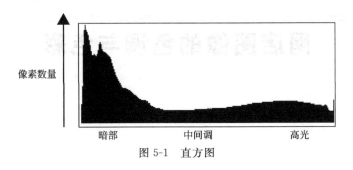

图 5-1 直方图

5.1.2 调整色阶

"色阶"命令主要用于调整画面的明暗程度以及增强或降低对比度。"色阶"命令有时可以单独对画面的阴影、中间调、高光以及亮部、暗部区域进行调整,而且可以对各个颜色通道进行调整,以实现色彩调整的目的。

选择"图像"→"调整"→"色阶"命令或按 Ctrl+L 组合键,弹出"色阶"对话框,效果如图 5-2 所示。选择"图层"→"新建调整图层"→"色阶"命令,创建一个"色阶"调整图层,效果如图 5-3 所示。打开"素材库/项目 5/色阶"图片,执行"曲线"→"调整"→"色阶"命令(快捷键 Ctrl+L),打开"色阶"对话框,鼠标放在中间调上,单击鼠标左键,往左拖动鼠标,拖动位置及调整前后的效果如图 5-4 所示。

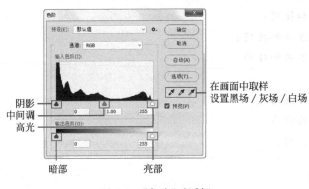

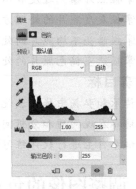

图 5-2 "色阶"对话框　　　　　　　　图 5-3 色阶属性

 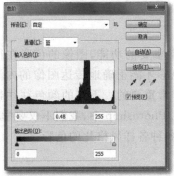 

图 5-4 色阶调整前、后对比效果

5.1.3 调整曲线

"曲线"命令既可用于对画面的明暗和对比度进行调整,又常用于校正画面偏色问题以及调整出独特的色调效果。

选择"曲线"→"调整"→"曲线"命令(快捷键Ctrl+M),弹出"曲线"对话框,如图5-5所示。"曲线"对话框左侧为曲线调整区域,在这里可以通过改变曲线的形态调整画面的明暗程度,其中曲线上部分控制画面的亮部区域,曲线中间部分控制画面的中间调区域,曲线下部分控制画面的暗部区域。在曲线上单击即可创建一个点,通过拖动曲线点的位置调整曲线形态。将曲线上的点向左上移动会使图像变亮,将曲线上的点向右下移动则会使图像变暗。

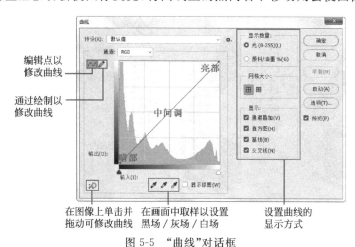

图5-5 "曲线"对话框

打开图片素材,选择"曲线"→"调整"→"曲线"命令,弹出"曲线"对话框,将鼠标指针放在曲线上,按住鼠标左键向上拖动,前后对比效果如图5-6所示。

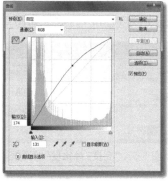

图5-6 曲线调整前后对比效果

5.1.4 调整曝光度

"曝光度"命令主要用来校正图像曝光不足、曝光过度、对比度过低或过高不同曝光程度的图像。

选择"图像"→"调整"→"曝光度"命令,弹出"曝光度"对话框,如图5-7所示(或选择"图层"→"新建调整图层"→"曝光度"命令,创建一个"曝光度"调整图层)。在这里可以对曝光度数值进行设置,使图像变亮或者变暗。例如,适当增大曝光度数值,可以使原本偏暗的图像变亮一些,调整效果如图 5-8 所示。

图 5-7 "曝光度"对话框

中华民族传统
美德.docx

图 5-8 设置曝光度对比效果

5.1.5 调整亮度/对比度

明暗调整命令主要用于调整太亮和太暗的图像。很多图像由于外界因素的影响,会出现曝光不足、曝光过度的现象,这时就可以利用明暗调整来处理图像,最终达到理想的效果。

打开图片,选择"图像"→"调整"→"亮度/对比度"命令,弹出"亮度/对比度"对话框(图 5-9),调整图像亮度和对比度分别为 56 和 19,效果如图 5-10 所示。

图 5-9 "亮度/对比度"对话框

(a) 原图　　　　　　　　(b) 调整后

图 5-10 调整亮度/对比度对比效果

5.2 调整图像的色彩

1. 调整自然饱和度

使用"自然饱和度"命令可以增加或减少画面颜色的鲜艳程度,会使外景照片更加明艳动人,或者打造出复古怀旧的低彩效果。

打开图片,选择"图像"→"调整"→"自然饱和度"命令,弹出"自然饱和度"对话框,如图 5-11 所示。在该对话框中对自然饱和度以及饱和度进行设置,效果如图 5-12 所示。选择"图层"→"新建调整图层"→"自然饱和度"命令,也可创建一个"自然饱和度"调整图层。

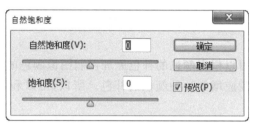

图 5-11 "自然饱和度"对话框

图 5-12 设置自然饱和度与饱和度对比效果

2. 调整色相/饱和度

使用"色相/饱和度"命令可以对图像整体或者局部的色相、饱和度以及明度进行调整,还可以对图像中的各个颜色(红、黄、绿、青、蓝、洋红)的色相、饱和度、明度分别进行调整。"色相/饱和度"命令常用于更改画面局部的颜色,或者增强画面饱和度。

选择"图像"→"调整"→"色相/饱和度"命令(快捷键 Ctrl+U),弹出"色相/饱和度"对话框。默认情况下,该对话框可以对整个图像的色相、饱和度、明度进行调整,如调整色相滑块。打开图像,选择"图层"→"新建调整图层"→"色相/饱和度"命令,创建一个"色相/饱和度"调整图层,设置如图 5-13(a)所示,画面的颜色由原来的图 5-13(b)变成了图 5-13(c)。

(a) 原图像　　　　　　　　(b) 设置色相/饱和度　　　　　　　(c) 图像着色效果

图 5-13　调整色相/饱和度对比效果

3. 调整色彩平衡

使用"色彩平衡"命令可以根据颜色的补色原理控制图像颜色的分布。根据颜色之间的互补关系，要减少某个颜色，就应增加这种颜色的补色。所以，可以利用"色彩平衡"命令进行偏色问题的校正。

打开图像，选择"图像"→"调整"→"色彩平衡"命令（快捷键 Ctrl+B），弹出"色彩平衡"对话框。首先设置色调平衡，选择需要处理的部分（如阴影区域、中间调区域或高光区域）；接着调整各个色彩的滑块，效果如图 5-14 所示。

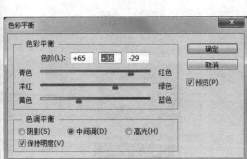

(a) 原图像　　　　　　　　(b) 设置色彩平衡　　　　　　　(c) 调整后的图像

图 5-14　调整色彩平衡对比效果

5.3　调整特殊色调

1. 反相

使用"反相"命令可以将图像中的颜色转换为它的补色，呈现出负片效果，即红变绿、黄变蓝、黑变白。"反相"命令是一个可以逆向操作的命令。

打开图像，选择"图层"→"调整"→"反相"命令（快捷键 Ctrl+I），即可得到反相效果，如图 5-15 所示。选择"图层"→"新建调整图层"→"反相"命令，也可以创建一个"反相"调整图层。

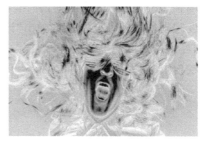

(a) 反相前　　　　　　　　　　　　(b) 反相后

图 5-15　使用反相前后的对比效果

2. 色调分离

使用"色调分离"命令可以通过为图像设定色调数目以减少图像的色彩数量,图像中多余的颜色会映射到最接近的匹配级别。打开图像,选择"图层"→"调整"→"色调分离"命令,弹出"色调分离"对话框。在"色调分离"对话框中设置色阶数量为4,效果如图 5-16 所示。设置的色阶值越小,分离的色调越多;色阶值越大,保留的图像细节就越多。选择"图层"→"新建调整图层"→"色调分离"命令,也可以创建一个"色调分离"调整图层。

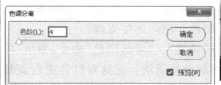

图 5-16　使用色调分离前后的对比效果

3. 阈值

使用"阈值"命令可以将图像转换为只有黑白两色的效果。打开图片,选择"图层"→"调整"→"阈值"命令,弹出"阈值"对话框,设置阈值色阶为143,如图 5-17 所示。阈值色阶可以指定一个色阶作为阈值,高于当前色阶的像素都将变为白色,低于当前色阶的像素都将变为黑色。

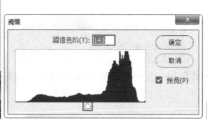

图 5-17　使用阈值前后的对比效果

4. 渐变映射

使用"渐变映射"命令,可以先将图像转换为灰度图像,然后设置一个渐变,将渐变中的颜色按照图像的灰度范围一一映射到图像中,使图像中只保留渐变中存在的颜色。打开图片,选择"图像"→"调整"→"渐变映射"命令,弹出"渐变映射"对话框,设置渐变映射,如图5-18所示。单击"灰度映射所用的渐变"按钮,弹出"渐变编辑器"对话框,在该对话框中可以选择或重新编辑一种渐变应用到图像上。选择"图层"→"新建调整图层"→"渐变映射"命令,也可以创建一个"渐变映射"调整图层。

图 5-18 使用渐变映射前后的对比效果

5. 可选颜色

使用"可选颜色"命令可以为图像中各个颜色通道增加或减少某种印刷色的成分含量,非常方便地对画面中某种颜色的色彩倾向进行更改。

打开图片,选择"图像"→"调整"→"可选颜色"命令,弹出"可选颜色"对话框,首先选择需要处理的颜色,然后调整下方的色彩滑块。此处对红色进行调整,减少青色成分(相当于增多青色的补色——红色),增多黄色成分。所以,画面中包含红色的部分(如皮肤部分)被添加了红色和黄色,显得非常"暖",如图5-19所示。选择"图层"→"新建调整图层"→"可选颜色"命令,也可以创建一个"可选颜色"调整图层。

图 5-19 使用可选颜色前后的对比效果

5.4 项目实训

5.4.1 处理曝光过度照片

【学习目标】

掌握图层混合模式、曲线、色阶的使用方法。

【知识要点】

打开曝光过度的照片,分别使用图层混合模式、曲线、色阶降低曝光度,最终效果如图5-20所示。

图 5-20　最终效果

【操作步骤】

方法 1

第 1 步:按 Ctrl+O 组合键,打开"素材库/项目 5/曝光照片"图片,如图 5-21 所示。

第 2 步:按 Ctrl+J 组合键,对背景图层进行复制,命名为"图层 1",如图 5-22 所示。

图 5-21　打开照片

图 5-22　复制图层

第 3 步:将图层 1 的混合模式设置为"正片叠底",如图 5-23 所示。

第 4 步:最终效果如图 5-20 所示。如果图片的亮度仍过高,可以对图层 1 再进行复制,如图 5-24 所示。

图 5-23 设置混合模式

图 5-24 再复制图层

方法 2

第 1 步:按 Ctrl+O 组合键,打开"素材库/项目 5/曝光照片"图片,如图 5-25 所示。

第 2 步:选择"图层"→"新建调整图层"→"曲线"命令,新建曲线图层,如图 5-26 所示。

图 5-25 打开照片

图 5-26 新建曲线图层

第 3 步:调整曲线,位置如图 5-27 所示。

第 4 步:最终效果如图 5-20 所示。

图 5-27 调整曲线

方法 3

第 1 步：按 Ctrl＋O 组合键，打开"素材库/项目 5/曝光照片"图片，如图 5-21 所示。

第 2 步：选择"图层"→"新建调整图层"→"色阶"命令，新建色阶图层，如图 5-28 所示。

图 5-28　新建色阶图层

第 3 步：调整色阶滑块，位置如图 5-29 所示。

图 5-29　调整色阶滑块

第 4 步：最终效果如图 5-20 所示。

5.4.2　处理曝光不足照片

【学习目标】

掌握图层混合模式、曲线、色阶的使用方法。

【知识要点】

打开一张曝光不足的照片，分别使用图层混合模式、曲线、色阶提高曝光度，最终效果如图 5-30 所示。

图 5-30　最终效果

实操视频

处理曝光不足
照片.mp4

【操作步骤】

方法 1

第 1 步：按 Ctrl＋O 组合键，打开"素材库/项目 5/曝光不足照片"图片，如图 5-31 所示。

第 2 步：按 Ctrl＋J 组合键，对背景图层进行复制，命名为"图层 1"，如图 5-32 所示。

图 5-31　打开照片　　　　　　　　　　图 5-32　复制图层

第 3 步：将图层 1 的混合模式设置为"滤色"，如图 5-33 所示。

第 4 步：最终效果如图 5-30 所示。如果图片的亮度仍不高，可以对图层 1 再进行复制，如图 5-34 所示。

图 5-33　设置混合模式　　　　　　　　图 5-34　复制图层

方法 2

第 1 步：按 Ctrl＋O 组合键，打开"素材库/项目 5/曝光不足照片"照片，如图 5-31 所示。

第 2 步：按 Ctrl＋J 组合键，对背景图层进行复制，命名为"图层 1"，如图 5-35 所示。

图 5-35　复制图层

第 3 步：调整曲线，位置如图 5-36 所示。

第 4 步：最终效果如图 5-30 所示。

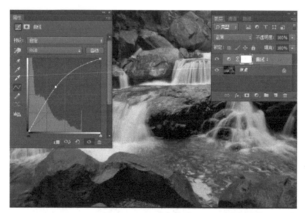

图 5-36　调整曲线

方法 3

第 1 步：按 Ctrl＋O 组合键，打开"素材库/项目 5/曝光不足照片"图片，如图 5-31 所示。

第 2 步：按 Ctrl＋J 组合键，对背景图层进行复制，命名为"图层 1"，如图 5-37 所示。

图 5-37　复制图层

第 3 步：调整色阶滑块，位置如图 5-38 所示。

图 5-38　调整色阶滑块

第 4 步：最终效果如图 5-30 所示。

5.4.3　处理灰度照片

【学习目标】

掌握色阶的使用方法。

【知识要点】

打开灰度照片，使用"色阶"对话框中的黑场校色，并适当提高亮度，最终效果如图 5-39 所示。

图 5-39　最终效果

实操视频

处理灰度
照片.mp4

【操作步骤】

第 1 步：按 Ctrl＋O 组合键，打开"素材库/项目 5/灰度照片"图片，如图 5-40 所示。

第 2 步：选择"图层"→"新建调整图层"→"色阶"命名，弹出"色阶"对话框使用黑场校正图片中的黑色，如图 5-41 所示。

第 3 步：校正好颜色后，图片有些偏暗，向左调整色阶白场，提高亮度，如图 5-42 所示。

第 4 步：调整后的效果如图 5-39 所示。

图 5-40 打开照片

图 5-41 校正黑色

图 5-42 调整色阶

5.4.4 处理暗亮不均照片

【学习目标】

掌握曲线的使用方法。

【知识要点】

打开暗亮不均的照片,调整曲线即可,最终效果如图 5-43 所示。

实操视频

处理暗亮不均
照片.mp4

图 5-43 最终效果

【操作步骤】

第 1 步：按 Ctrl+O 组合键，打开"素材库/项目 5/暗亮不均照片"图片，如图 5-44 所示。

第 2 步：选择"图层"→"新建调整图层"→"曲线"命令，调整曲线位置，如图 5-45 所示。

图 5-44 打开照片

图 5-45 调整曲线

第 3 步：最终效果如图 5-43 所示。

5.4.5 修复严重偏色照片

【学习目标】

掌握曲线的使用方法。

【知识要点】

打开严重偏色照片 2，使用曲线对红、绿、蓝通道进行相应的校色，最终效果如图 5-46 所示。

实操视频

严重偏色照片
修复 2.mp4

图 5-46 最终效果

【操作步骤】

第 1 步：按 Ctrl+O 组合键，打开"素材库/项目 5/偏色照片 2"图片，如图 5-47 所示。

第 2 步：选择"图层"→"新建调整图层"→"曲线"命令，新建一个"色阶"调整图层。选择"红色"通道，降低曲线，减少红色，调整曲线位置，如图 5-48 所示。

图 5-47　打开照片

图 5-48　调整红色通道

第 3 步：选择"绿色"通道，提高曲线，增加绿色，调整曲线位置，如图 5-49 所示。

第 4 步：选择"蓝色"通道，降低曲线，减少蓝色，调整曲线位置，如图 5-50 所示。

图 5-49　调整绿色通道

图 5-50　调整蓝色通道

第 5 步：最终效果如图 5-46 所示。

5.4.6　美白牙齿

【学习目标】

掌握色相/饱和度的使用方法。

【知识要点】

打开素材，使用多边形套索工具选取牙齿进行羽化，使用色相/饱和度调整明度，最终效果如图 5-51 所示。

实操视频

美白牙齿.mp4

图 5-51　最终效果

【操作步骤】

第 1 步：按 Ctrl+O 组合键，打开"素材库/项目 5/牙齿照片"图片，如图 5-52 所示。

第 2 步：在工具箱中选择多边形套索工具，选取牙齿，如图 5-53 所示。

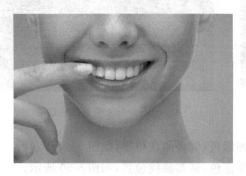 

图 5-52　打开照片　　　　　　　　图 5-53　选取牙齿

第 3 步：选择"选择"→"修改"→"羽化"命令，设置羽化值为 1，对选区内的牙齿，按 Ctrl+J 组合键，生成图层 1，并将图层 0 的可见性关闭，如图 5-54 所示。

第 4 步：选择"图层"→"新建调整图层"→"色相/饱和度"命令，新建一个"色相/饱和度 1"调整图层，如图 5-55 所示。

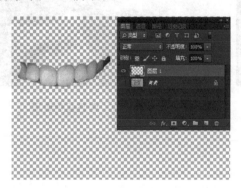 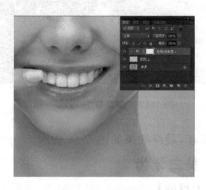

图 5-54　复制选区图像　　　　　　图 5-55　新建图层

第 5 步：调整色相/饱和度，提高明度，如图 5-56 所示，最终效果如图 5-51 所示。

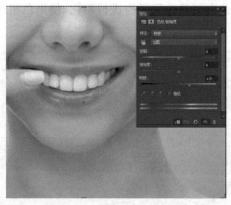

图 5-56　调整色相/饱和度

5.4.7 涂上闪亮水晶美甲与唇彩

【学习目标】

掌握色相/饱和度的使用方法。

【知识要点】

打开素材图片,使用多边形套索工具选取嘴唇和指甲进行羽化,使用色相/饱和度上色,并进行相应的操作即可,最终效果如图 5-57 所示。

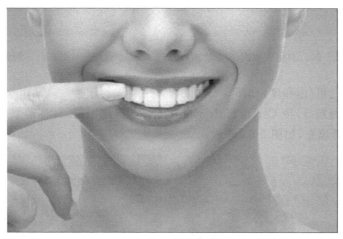

图 5-57　最终效果

【操作步骤】

第 1 步:按 Ctrl+O 组合键,打开"素材库/项目 5/唇彩照片"图片,如图 5-58 所示。

第 2 步:在工具箱中选择多边形套索工具,选取指甲和上下嘴唇,如图 5-59 所示。

图 5-58　打开照片

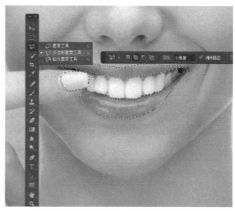

图 5-59　选中指甲和上下嘴唇

第 3 步:选择"选择"→"修改"→"羽化"命令,设置羽化值为 1,对选区内的牙齿,按 Ctrl+J 组合键,生成图层 1,并将图层 0 的可见性关闭,如图 5-60 所示。

第 4 步:选择"图层"→"新建调整图层"→"色相/饱和度"命令,新建一个"色相/饱和度 1"调整图层,如图 5-61 所示。

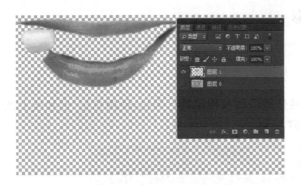
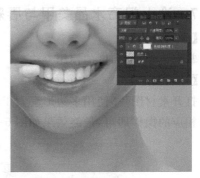

图 5-60　羽化后生成图层 1　　　　　　图 5-61　新建图层

第 5 步：调整色相/饱和度，如图 5-62 所示。

第 6 步：载入图层 1，按 Ctrl＋Shift＋N 组合键，新建图层 2，将前景色设置为黑色，按 Alt＋Delete 组合键填充，如图 5-63 所示。

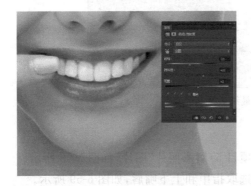
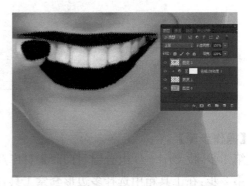

图 5-62　调整色相/饱和度　　　　　　图 5-63　填充黑色

第 7 步：选择"滤镜"→"杂色"→"添加杂色"命令，弹出"添加杂色"对话框，根据个人喜好进行设置，如图 5-64 所示。

第 8 步：将图层 1 的混合模式设置为"颜色减淡"，如图 5-65 所示。

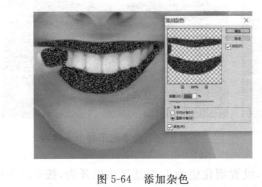
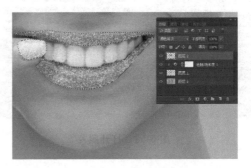

图 5-64　添加杂色　　　　　　图 5-65　颜色减淡

第 9 步：按 Ctrl＋D 组合键，取消选区，适当降低图层 2 的不透明度，如图 5-66 所示。

第 10 步：最终效果如图 5-57 所示。

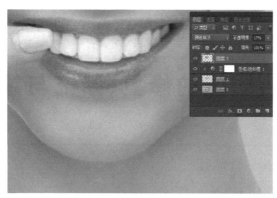

图 5-66　降低不透明度

思考与练习

一、单项选择题

1. 下面（　　）色彩调整命令可提供最精确的调整。
   A. 色阶　　　　　B. 亮度/对比度　　C. 曲线　　　　　D. 色彩平衡
2. 下列（　　）命令用来调整色偏。
   A. 色调均化　　　B. 阈值　　　　　C. 色彩平衡　　　D. 亮度/对比度
3. 在"色阶"对话框中，选择（　　）吸管后单击图像区域，结果会使图像变暗。
   A. 黑色吸管　　　B. 白色吸管　　　C. 灰色吸管　　　D. 以上都不对
4. 在"曲线"命令对话框中，左下角的一点能否移至最左上角，使曲线水平？（　　）
   A. 不能　　　　　B. 能　　　　　　C. 不一定　　　　D. 很难判断
5. 以下（　　）面板提供许多选项，用来查看有关图像的色调和颜色信息。
   A. 信息　　　　　B. 导航器　　　　C. 直方图　　　　D. 图层

二、判断题

1. 在"色阶"对话框中，选择黑色吸管后单击图像区域，结果会使图像变暗。（　　）
2. 用"曲线"命令不能将图像反转成"反相"效果。（　　）
3. 在"色阶"对话框中，选择白色吸管工具并在图像的高光处单击，即可设定图像的白点。（　　）
4. 色阶命令只能够调整图像的明暗变化，而不能调整图像的色彩。（　　）
5. "曲线"命令可提供最精确的色彩调整。（　　）

三、简答题

1. 简述直方图的作用。
2. 色阶和色相的区别。

项目 6

网店图像的修复、修饰与绘制

用数码相机拍摄的照片或从网上下载的图片往往会有一些不尽人意的地方,这时可以利用 Photoshop 提供的多种工具对图像进行修复、修饰与绘制,快速去除图像的一些缺陷等,从而得到比较完美的图像效果。

学习目标
- 掌握图像修复工具的使用方法;
- 掌握图像修饰工具的使用方法;
- 掌握图像擦除工具的使用方法;
- 掌握绘画工具的使用方法。

技能目标
- 掌握去除痘痘、雀斑、划痕的方法和技巧;
- 掌握去除水印的方法和技巧;
- 掌握去除人物的方法和技巧;
- 掌握修光影 1 的修复方法和技巧;
- 掌握修光影 2 的修复方法和技巧;
- 掌握风景画的制作方法和技巧。

素养目标
- 培养独立思考和善于分析的能力;
- 培养能够不断改进学习方法的自主学习能力;
- 培养勇于探索、敢于创新的意识。

项目 6 素材

6.1 修复网店图像

1. 使用污点修复画笔工具

使用污点修复画笔工具可以消除图像中的小面积瑕疵,或者去除画面中看起来比较特殊的对象,如去除人物面部的斑点、皱纹、凌乱发丝,或者去除画面中细小的杂物等。污点修复画笔工具不需要设置取样点,因为它可以自动从所修饰区域的周围进行取样。使用污点修复画笔工具前后的对比效果如图 6-1 所示。

2. 使用修复画笔工具

使用修复画笔工具可以以图像中的像素作为样本进行绘制,以修复画面中的瑕疵。使用修复画笔工具前后的对比效果如图 6-2 所示。

图 6-1　使用污点修复画笔工具前后的对比效果

图 6-2　使用修复画笔工具前后的对比效果

3. 使用修补工具

使用修补工具，以画面中的部分内容作为样本，可以修复所选图像区域中不理想的部分。修补工具通常用来去除画面中的部分内容。使用修补工具前后的对比效果如图 6-3 所示。

图 6-3　使用修补工具前后的对比效果

4. 使用红眼工具

使用红眼工具可以去除红眼现象。在工具箱中选择红眼工具，将光标移动至眼睛上方，单击即可去除红眼；在另外一个眼睛上单击，完成去红眼操作，前后对比效果如图 6-4 所示。

5. 使用内容感知移动工具

使用内容感知移动工具移动选区中的对象，被移动的对象将会自动将影像与四周的景物融合在一起，而原始区域则会进行智能填充。当需要改变画面中某一对象的位置时，就可以尝试使用该工具。使用内容感知移动工具前后的对比效果如图 6-5 所示。

6. 使用仿制图章工具

使用仿制图章工具，可以将图像的一部分通过涂抹方式复制到图像中的另一个位置上。仿制图章工具常用来去除水印、消除人物脸部斑点皱纹、去除背景部分不相干的杂物、填补图片空缺等。使用仿制图章工具前后的对比效果如图 6-6 所示。

图 6-4　使用红眼工具前后的对比效果

图 6-5　使用内容感知移动工具前后的对比效果

图 6-6　使用仿制图章工具前后的对比效果

7. 使用图案图章工具

使用图案图章工具可以利用图案进行绘画，可以从图案库中选择图案或者自己创建图案。使用图案图章工具前后的对比效果如图 6-7 所示。

图 6-7　使用图案图章工具前后的对比效果

6.2 修饰网店图像

1. 使用模糊工具

使用模糊工具可以轻松对画面局部进行模糊处理。模糊工具的使用方法非常简单,在工具箱中选择模糊工具,在选项栏中可以设置工具的模式和强度。其中,模式包括正常、变暗、变亮、色相、饱和度、颜色和明度,如果仅需要使画面局部模糊一些,那么选择"正常"即可;强度是比较重要的选项,用来设置模糊工具的模糊强度。使用模糊工具前后的对比效果如图6-8所示。

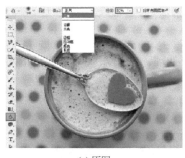  

(a) 原图　　　　　　　　　　(b) 强度50　　　　　　　　　　(c) 强度100

图6-8　使用模糊工具前后的对比效果

2. 使用锐化工具

使用锐化工具,通过增强图像中相邻像素之间的颜色对比,可以提高图像的清晰度。使用锐化工具前后的对比效果如图6-9所示。

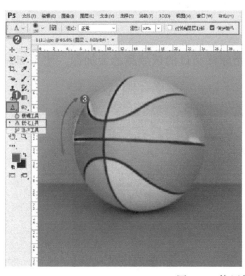 

图6-9　使用锐化工具前后的对比效果

3. 使用涂抹工具

使用涂抹工具可以模拟手指划过湿油漆时产生的效果。使用涂抹工具前后的对比效果如图6-10所示。

(a) 原图　　　　　　　　　(b) 强度100%　　　　　　　　(c) 强度60%

图 6-10　使用涂抹工具前后的对比效果

4. 使用减淡工具

使用减淡工具可以对图像亮部、中间调、阴影分别进行减淡处理。使用减淡工具前后的对比效果如图 6-11 所示。

图 6-11　使用减淡工具前后的对比效果

5. 使用加深工具

使用加深工具,在画面中按住鼠标左键并拖动,光标移动过的区域颜色会加深。使用加深工具前后的对比效果如图 6-12 所示。

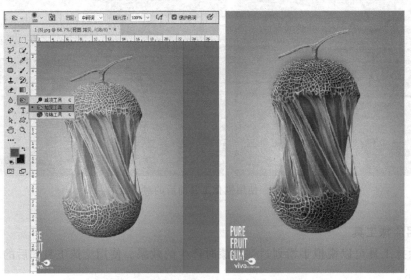

图 6-12　使用加深工具前后的对比效果

6. 使用海绵工具

使用海绵工具可以增加或降低彩色图像中布局内容的饱和度。如果是灰度图像,使用该工具则可以增加或降低对比度。使用海锦工具前后的对比效果如图 6-13 所示。

图 6-13 使用海绵工具前后的对比效果

6.3 绘画工具

1. 画笔工具

画笔工具以前景色作为颜料,其绘制方法也很简单,在画面中单击能够绘制出一个圆点(因为默认情况下的画笔工具笔尖为圆形),按住鼠标左键并拖动即可绘制线条。画笔工具的绘制效果如图 6-14 所示。

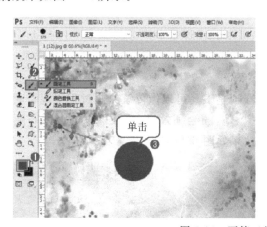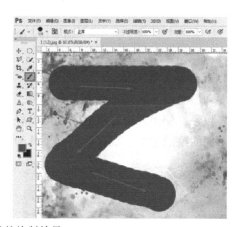

图 6-14 画笔工具的绘制效果

2. 铅笔工具

铅笔工具主要用于绘制硬边线条。铅笔工具的使用方法与画笔工具非常相似,在选项栏中单击打开"画笔预设选取器",选择一个笔尖样式并设置画笔大小,在选项栏中设置模式和不透明度后,在画面中按住鼠标左键拖动绘制即可。铅笔工具的绘制效果如图 6-15 所示。

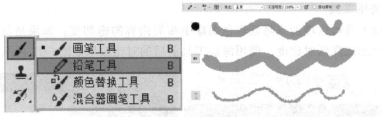

图 6-15　铅笔工具的绘制效果

3. 颜色替换工具

颜色替换工具位于画笔工具组中，在工具箱中右击"画笔工具"，在弹出的快捷菜单中选择"颜色替换工具"命令。颜色替换工具能够以涂抹的形式更改画面中的部分颜色，但更改颜色之前首先需要设置合适的前景色。颜色替换工具的绘制效果如图 6-16 所示。

图 6-16　颜色替换工具的绘制效果

4. 混合器画笔工具

混合器画笔工具位于画笔工具组中。混合器画笔工具可以像传统绘画过程中混合颜料一样混合像素。使用混合器画笔工具可以轻松模拟真实的绘画效果，并且可以混合画布颜色和使用不同的绘画湿度。混合器画笔工具的绘制效果如图 6-17 所示。

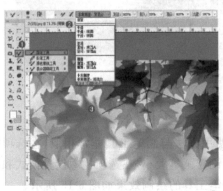

图 6-17　混合器画笔工具的绘制效果

6.4 "画笔"面板

1. 认识"画笔"面板

选择"窗口"→"画笔"命令(快捷键 F5),打开"画笔"面板,如图 6-18 所示。在这里可以看到非常多的参数设置,①②③为画笔的选择与设置,④为控制菜单,最底部为当前笔尖样式的预览效果,此时默认显示的是"画笔笔尖形状"页面。

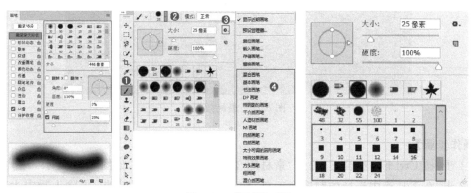

图 6-18 "画笔"面板

2. 设置笔尖形状

在"画笔笔尖形状"页面中可以对画笔的形状、大小、硬度等常用参数进行设置,除此之外还可以对画笔的角度、圆度以及间距进行设置。这些参数选项非常简单,随意调整数值,就可以在底部看到当前画笔的预览效果。通过设置当前页面的参数,可以制作各种效果,如图 6-19 所示。

图 6-19 设置笔尖形状

6.5 项目实训

6.5.1 去除痘痘、雀斑、划痕

【学习目标】

掌握仿制图章工具、修复画笔工具、修补工具的使用方法。

【知识要点】

仿制图章工具主要处理大的斑点,修复画笔工具主要处理小的雀斑,修补工具主要处理划痕,最终效果如图 6-20 所示。

实践视频

去除痘痘、雀斑、划痕.mp4

图 6-20　最终效果

【操作步骤】

第 1 步:按 Ctrl+O 组合键,打开"素材库/项目 6/痘痘"图片,如图 6-21 所示。

第 2 步:在工具箱中选择仿制图章工具,按 Alt 键取样光滑的皮肤,去除人物中大的痘痘和痣,如图 6-22 所示。

图 6-21　打开图片　　　　　　　图 6-22　使用仿制图章工具去除大痘痘和痣

第 3 步:多次取样,处理效果如图 6-23 所示。

第 4 步:在工具箱中选择修复画笔工具,按 Alt 键,取样光滑的皮肤,去除人物中小的痘痘和雀斑,如图 6-24 所示。

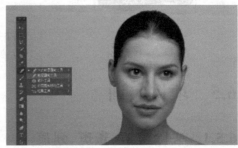

图 6-23　多次取样 1　　　　　　图 6-24　使用修复画笔工具去除小痘痘和雀斑

第 5 步：如色差差别不大，可一次取样，多次操作，处理效果如图 6-25 所示。

第 6 步：在工具箱中选择修补工具，去除人物眼部的眼袋、眼尾纹和颈纹，如图 6-26 所示。

图 6-25　多次取样 2

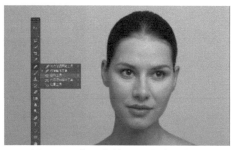

图 6-26　使用修补工具去除眼部的眼袋、眼尾纹和颈纹

第 7 步：选中替换部分的皮肤，移动到更换部分即可，如图 6-27 所示。

第 8 步：最终效果如图 6-20 所示。

图 6-27　替换皮肤

6.5.2　去除水印

【学习目标】

掌握修补工具的使用方法。

【知识要点】

修补工具在"去除水印"和"去除人物"都有优势。去除水印的最终效果如图 6-28 所示。

实操视频

去除人物、水印.mp4

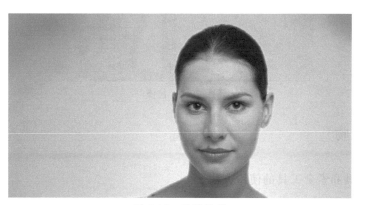

图 6-28　最终效果

【操作步骤】

第1步:按Ctrl+O组合键,打开"素材库/项目6/水印"图片,如图6-29所示。

图6-29 打开图片

第2步:在工具箱中选择修补工具,如图6-30所示。

图6-30 修补工具

第3步:围选水印,移动到背景上进行替换即可,如图6-31所示。

第4步:按Ctrl+D组合键,取消选区,最终效果如图6-28所示。

图6-31 替换

6.5.3 去除人物

【学习目标】

掌握修补工具和索套工具的使用方法。

【知识要点】

修补工具和索套工具在去除图片人物上有很大优势。去除人物的最终效果如图6-32所示。

项目 6　网店图像的修复、修饰与绘制

修光影.mp4

图 6-32　最终效果

【操作步骤】

第 1 步:按 Ctrl+O 组合键,打开"素材库/项目 6/去除人物"图片,如图 6-33 所示。

第 2 步:在工具箱中选择套索工具,围选人物,如图 6-34 所示。

图 6-33　打开图片

图 6-34　围选人物

第 3 步:选择"编辑"→"填充"命令,使用内容识别进行填充,如图 6-35 所示。

第 4 步:按 Ctrl+D 组合键,取消选区,图中小女孩消失,只剩下海边风景,最终效果如图 6-32 所示。

图 6-35　填充

6.5.4 修光影 1

【学习目标】

掌握蒙版、画笔工具、曲线的搭配使用方法。

【知识要点】

通过蒙版、画笔工具、曲线的搭配使用,使图片的高光和暗部得到加强,最终效果如图 6-36 所示。

图 6-36 最终效果

【操作步骤】

第 1 步:打开"素材库/项目 6/解决光影问题 1"图片,这是一张牧马图,光源从左边照射过来,人物正前方(胸膛、脸、帽正方)和马儿的左颈部的高光比较强,而暗部比较暗,如图 6-37 所示。

第 2 步:单击"图层"面板下方的"创建新的调整图层"按钮,在下拉列表中选择"曲线",如图 6-38 所示。

图 6-37 打开图片

图 6-38 新建曲线调整层

第 3 步:在曲线中心处单击,添加曲线点,按住鼠标左键垂直向上拖曳,则图片变亮,达到图片高光部分最亮的程度,如图 6-39 所示。

第 4 步:按 D 键,恢复前景色和背景色。按 Ctrl+Delete 组合键,填充背景色为黑色,使亮曲线暂时不起作用,将曲线调整层命名为"亮",如图 6-40 所示。

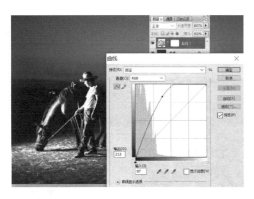

图 6-39　调亮

图 6-40　填充黑色

第 5 步：单击"图层"面板下方的"创建新的调整图层"按钮，在下拉列表中选择"曲线"，如图 6-41 所示。

第 6 步：在曲线中心处单击，添加曲线点，按住鼠标不放垂直向下拖曳，则图片变暗，曲线弯曲程度作为图片暗部最黑的程度，如图 6-42 所示。

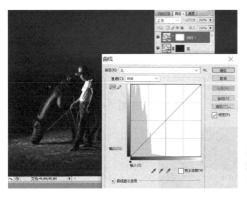

图 6-41　创建调整图层

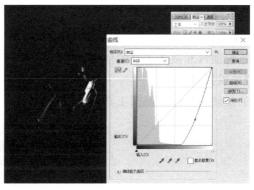

图 6-42　调暗

第 7 步：按 Ctrl＋Delete 组合键，填充背景色为黑色，使亮曲线暂时不起作用，将曲线调整图层命名为"暗"，如图 6-43 所示。

第 8 步：单击亮部曲线蒙版，选择"画笔工具"，设置画笔硬度为 0，不透明度为 50％，在暗部分涂抹，如图 6-44 所示。

图 6-43　填充黑色

图 6-44　画笔涂抹 1

第9步：暗部分涂抹完成后的效果，如图6-45所示。

第10步：单击暗部曲线蒙版，选择"画笔工具"，设置画笔硬度为0，不透明度为24%，在亮部分涂抹，如图6-46所示。

图6-45　涂抹后的效果　　　　　　　　图6-46　画笔涂抹2

第11步：完成后最终效果，如图6-36所示。

6.5.5　修光影2

【学习目标】

掌握加深和减淡工具的使用方法。

【知识要点】

通过使用加深和减淡工具，使牛仔裤褶皱得以弱化，最终效果如图6-47所示。

图6-47　最终效果

【操作步骤】

第1步：打开"素材库/项目6/解决光影问题2"图片，如图6-48所示，这是一张牛仔裤照片，褶皱较多，通过加深工具和减淡工具弱化这些褶皱，美化牛仔裤。

第 2 步：按 Ctrl+J 组合键，复制背景层，得到图层 1，如图 6-49 所示。

图 6-48　打开图片

图 6-49　复制图层

第 3 步：在工具箱中选择加深工具，设置范围为中间调，曝光度为 20%，涂抹褶皱高光部分，如图 6-50 所示。

第 4 步：应随时根据高光部分调整画笔大小，同一个地方不要来回涂抹，将图 6-51 中圈出来的这两部分高光涂抹完毕即可。

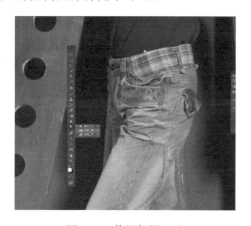
图 6-50　使用加深工具

图 6-51　画笔涂抹

第 5 步：在工具箱中选择减淡工具，设置范围为阴影，曝光度为 20%，涂抹褶皱阴暗部分，如图 6-52 所示。

第 6 步：最终效果如图 6-47 所示。

图 6-52 使用减淡工具

6.5.6 制作风景画

【学习目标】

掌握画笔工具、椭圆选框工具、渐变工具的使用方法。

【知识要点】

使用渐变工具绘制天地,使用椭圆选框工具绘制太阳,使用画笔工具绘制绿草,最终效果如图 6-53 所示。

实操视频

制作风景画.mp4

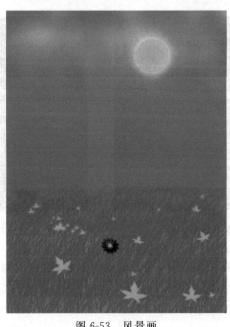

图 6-53 风景画

【操作步骤】

第1步：按 Ctrl+N 组合键，弹出"新建"对话框，设置名称为"风景画"，尺寸为 600 像素×800 像素，分辨率为 72 像素/英寸，如图 6-54 所示。

第2步：将前景色设置为天空的颜色蓝色，背景色设置为泥土的颜色褐色。使用渐变工具，线性渐变上色，如图 6-55 所示。

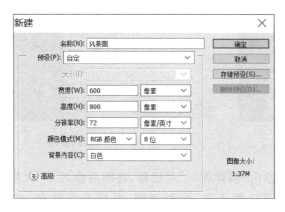

图 6-54　新建工作区　　　　　　　　图 6-55　渐变编辑器调色

第3步：使用矩形选框工具选择下端的泥土颜色，选择"选择"→"修改"→"羽化"命令，在弹出的"羽化选区"对话框中设置参考值为 50，如图 6-56 所示。

第4步：选择"滤镜"→"杂色"→"添加杂色"命令，在弹出的"添加杂色"对话框中进行如图 6-57 所示的设置，按 Ctrl+D 组合键取消选区，使泥土具有粗糙感。

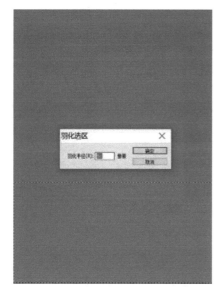

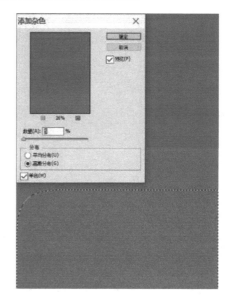

图 6-56　羽化　　　　　　　　　　　图 6-57　添加杂色

第5步：按 Ctrl+Shift+N 组合键，弹出"新建图层"对话框，将图层命名为"云彩"，将前景色设置为白色，使用画笔在天空上随意绘制，如图 6-58 所示。

第6步：在"云彩"图层上，选择"滤镜"→"模糊"→"高斯模糊"命令，在弹出的"高斯模糊"对话框中进行如图 6-59 所示的设置，可适当考虑使用动感模糊。

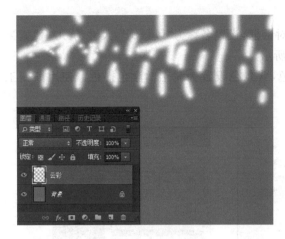

图 6-58 使用画笔工具

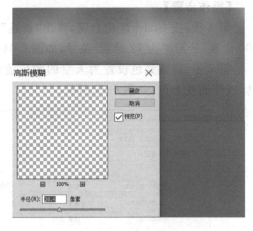

图 6-59 高斯模糊

第 7 步：按 Ctrl+Shift+N 组合键，弹出"新建图层"对话框，将图层命名为"太阳"，将前景色设置为黄色。在工具箱中选择椭圆选框工具，绘制正圆，并填充前景色，如图 6-60 所示。

第 8 步：按 Ctrl+D 组合键，取消选区，在"太阳"图层上单击"图层"面板底部的"添加图层样式"按钮，在下拉列表中选择"内发光"，如图 6-61 所示。

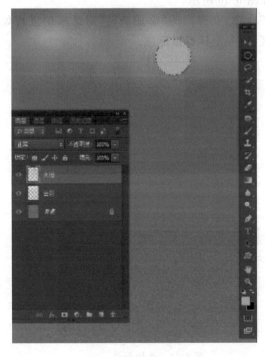

图 6-60 绘制正圆

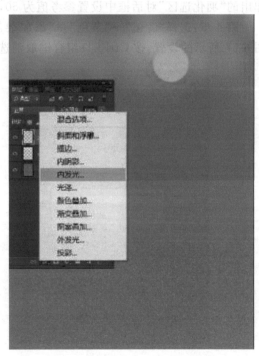

图 6-61 选择"内发光"

第 9 步：设置内发光为"橙色"，如图 6-62 所示。

第 10 步：设置外发光，如图 6-63 所示。

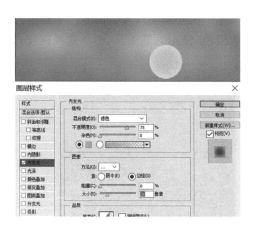
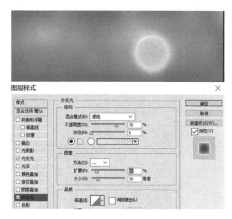

图 6-62 设置内发光　　　　　　　图 6-63 设置外发光

第 11 步：按 Ctrl+Shift+N 组合键，弹出"新建图层"对话框，将图层命名为"草"，将前景色设置为嫩绿色，背景色设置为深绿色，如图 6-64 所示。

图 6-64 新建图层

第 12 步：在工具箱中选择画笔工具，按 F5 键，在打开的"画笔"面板中进行如图 6-65 所示的设置。

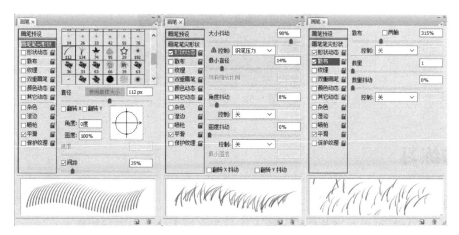

图 6-65 设置"画笔"面板

第13步:按照"近大远小"的原则,通过调整画笔的大小绘制绿草,如图6-66所示。

第14步:将前景色设置为黄色,背景色设置为橙色,使用画笔工具,形状选择枫叶,进行绘制,如图6-67所示。

图6-66 绘制绿草

图6-67 绘制枫叶

第15步:使用工具箱中的自定义形状工具和"样式"面板绘制小花,如图6-68所示。

第16步:最终效果如图6-53所示。

图6-68 绘制小花

思考与练习

一、单项选择题

1. 按( )键,可以在当前使用的输入法与英文输入法之间进行切换。
   A. CapsLock   B. Ctrl+Shift   C. Alt+Shift   D. Ctrl+空格

2. 画笔工具的快捷键是（　　）。
   A. T　　　　　　B. B　　　　　　C. G　　　　　　D. P
3. 可以快速弹出画笔预设面板的快捷键是（　　）键。
   A. F5　　　　　　B. F6　　　　　　C. F7　　　　　　D. F8
4. （　　）可以减少图像的饱和度。
   A. 加深工具　　　B. 减淡工具　　　C. 海绵工具　　　D. 其他
5. 当编辑图像时，使用减淡工具可以（　　）。
   A. 使图像中某些区域变暗　　　　　B. 删除图像中的某些像素
   C. 使图像中某些区域变亮　　　　　D. 使图像中某些区域的饱和度增加

二、判断题
1. 在使用铅笔工具或画笔工具绘画时，按 Shift＋[或 Shift＋]组合键可以减小或增大画笔笔头的硬度。　　　　　　　　　　　　　　　　　　　　　　　　　　　　（　　）
2. 利用图章工具可以进行图像修复。　　　　　　　　　　　　　　　　（　　）
3. 画笔工具的用法和喷枪工具的用法基本相同，唯一不同的是 Wet Edges(湿边)。
　　　　　　　　　　　　　　　　　　　　　　　　　　　　　　　　（　　）
4. 节点是 Photoshop 图像最基本的组成单元。　　　　　　　　　　　　（　　）
5. 矢量图又称为向量图形，是由线条和像素点(提示:路径)组成的图像。（　　）

三、简答题
简述仿制图章工具的使用方法。

项目 7

路径的创建与应用

使用路径不但可以精确地创建选区,还可以随心所欲地绘制各种图形,路径是使用 Photoshop 进行图像处理所必须熟练掌握的重要工具之一。本章将重点学习路径创建与应用的方法与技巧。

学习目标
- 认识路径和路径面板;
- 掌握使用路径工具绘制多种路径的方法;
- 熟练掌握编辑路径的方法;
- 掌握使用形状工具绘制各种形状的方法。

技能目标
- 掌握男士 T 恤 Banner 的设计方法;
- 掌握人物的抠图方法;
- 掌握店标的设计方法;
- 掌握店招的设计方法。

素养目标
- 培养能够不断实践和积极探索的能力;
- 培养艺术感知能力和审美意识;
- 培养能够与他人有效沟通的合作能力。

项目 7 素材

7.1 绘制与编辑路径

7.1.1 认识"路径"面板

"路径"面板是用于保存和管理路径的工具,其中显示了当前工作路径、存储路径和当前矢量蒙版的名称及缩览图。路径的基本操作和编辑大都可以通过该面板来完成。选择"窗口"→"路径"命令,即可打开"路径"面板,如图 7-1 所示。

图 7-1 "路径"面板

7.1.2 应用钢笔工具绘制路径

钢笔工具是绘制路径的工具,用其绘制的路径支持再编辑,属于矢量图形,缩放与变形后仍能保持平滑。

第1步:绘制直线路径。选择钢笔工具,将鼠标指针定位到直线的起点并单击,再将鼠标指针移动到直线的终点并单击,即可绘制直线路径,如图7-2(a)所示。

第2步:绘制闭合路径。路径绘制完成后,将鼠标指针定位到路径的起点,待其右下角出现圆圈后,即可单击闭合路径,如图7-2(b)所示。

第3步:绘制曲线路径。将鼠标指针定位到曲线的起点,按住鼠标左键并拖动,设置曲线的斜度,如图7-2(c)所示。

第4步:绘制C形曲线。在第3步的基础上将鼠标指针定位到曲线的终点,按住鼠标左键并拖向与第3步相反的方向即可,如图7-2(d)所示。

第5步:绘制S形曲线。在第3步的基础上将鼠标指针定位到曲线的终点,按住鼠标左键并拖向与第3步相同的方向即可,如图7-2(e)所示。

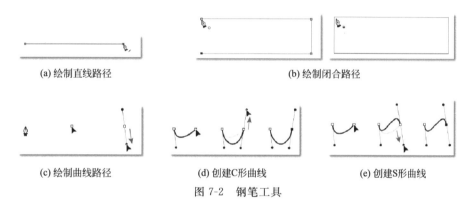

图 7-2 钢笔工具

7.1.3 选择与移动路径

选择与移动路径主要通过使用路径选择工具和直接选择工具来完成。

路径选择工具主要用于选择整条路径,右击"路径工具",在弹出的快捷菜单中选择"路径选择工具"命令,将鼠标指针移动至需要选择的路径上并单击,即可选择整条路径,如图7-3所示。

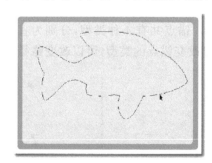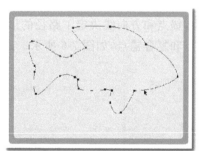

图 7-3 选择整条路径

使用路径选择工具之后,按住鼠标左键框选中多条路径所在区域,即可选择多条路径,切换到钢笔工具,可通过钢笔工具属性栏进行多个路径编辑的相关操作,如图7-4所示。

图 7-4　选择多条路径

使用直接选择工具可以对路径中的某个或几个锚点进行选择和调整,如图 7-5 所示。

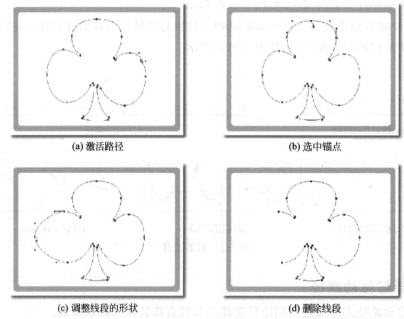

(a) 激活路径　　　　　　　　　　　　(b) 选中锚点

(c) 调整线段的形状　　　　　　　　　(d) 删除线段

图 7-5　使用直接选择工具对锚点进行选择和调整

7.1.4　转换锚点类型

在路径中,锚点和方向线决定了路径的形状。锚点共有 4 种类型,分别为直线锚点、平滑锚点、拐点锚点和复合锚点,如图 7-6 所示。通过改变锚点的类型,可以改变路径的形状。

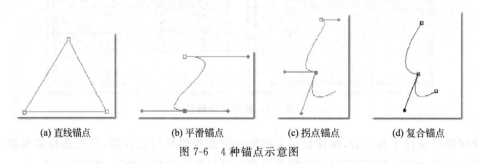

(a) 直线锚点　　　(b) 平滑锚点　　　(c) 拐点锚点　　　(d) 复合锚点

图 7-6　4 种锚点示意图

使用工具箱中的转换点工具可以实现各锚点之间的转换,如图 7-7 所示。

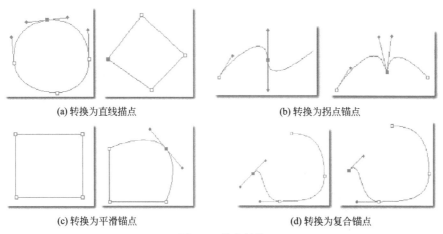

(a) 转换为直线描点　　(b) 转换为拐点锚点

(c) 转换为平滑锚点　　(d) 转换为复合锚点

图 7-7　锚点转换

7.1.5　转换路径与选区

将路径转换为选区:绘制需要转换的路径,打开"路径"面板,选中需要转换的路径层,单击"路径"面板下的"将路径作为选区载入"按钮,即可将路径转换为选区。

将选区转换为路径:绘制需要转换的选区,打开"路径"面板,单击"路径"面板下的"从选区生成工作路径"按钮,即可将选区转换为路径,如图 7-8 所示。

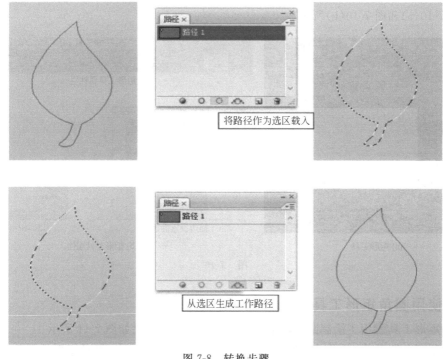

图 7-8　转换步骤

7.2 绘制形状

7.2.1 使用矩形工具

使用矩形工具■可以绘制长方形和正方形等。使用矩形工具绘制的淘宝海报底纹效果如图 7-9 所示。

图 7-9 使用矩形工具绘制的淘宝海报底纹效果

选择矩形工具,即可使用矩形工具绘制形状,"矩形工具属性栏"可对矩形的属性进行设置,如图 7-10(a)和图 7-10(b)所示。

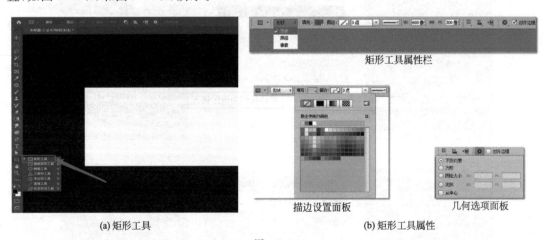

(a)矩形工具　　　　　　　　　　　　(b)矩形工具属性

图　7-10

7.2.2 使用圆角矩形工具

圆角矩形工具■用于绘制圆角矩形。圆角矩形的应用效果如图 7-11 所示。

在绘制圆角矩形前,可通过圆角矩形工具属性栏[图 7-12(a)]对圆角矩形的圆角半径进行设置,圆角半径越大,其圆角弧度就越大,如图 7-12(b)和图 7-12(c)所示。

选择"窗口"→"属性"命令,打开"属性"面板,选择图形所在图层,即可对形状的属性进行设置,如图 7-13 所示。

图 7-11 圆角矩形的应用效果

(a) 圆角矩形工具属性栏

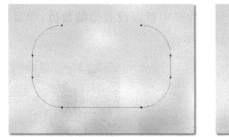
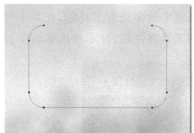

(b) 半径为100像素　　　　　　　　(c) 半径为50像素

图 7-12 设置圆角半径

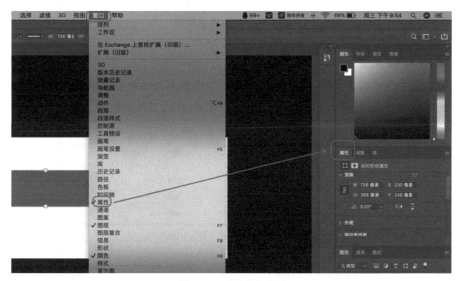

图 7-13 "属性"面板

7.2.3 使用椭圆工具

椭圆工具 ● 与矩形工具 ■ 的工具属性栏基本相同,所不同的是使用椭圆工具绘制的路径是椭圆形。椭圆工具属性栏如图 7-14(a)所示,绘制后的椭圆显示效果如图 7-14(b)所示。

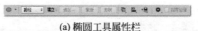

(a) 椭圆工具属性栏

(b) 绘制后的椭圆显示效果

图 7-14 椭圆效果图

7.2.4 使用多边形工具

选择工具箱中的多边形工具 ⬢，在其工具属性栏中可以设置边的数值，即多边形的边数。多边形工具的工具属性栏、显示效果如图 7-15 所示。

图 7-15 多边形效果图

7.2.5 使用直线工具

选择工具箱中的直线工具 ╱，在其工具属性栏中设置不同的粗细数值，可以绘制不同粗细的直线。直线工具属性栏及"箭头"面板如图 7-16(a)所示，直线工具绘制效果如图 7-16(b)所示。

(a) 直线工具属性栏及"箭头"面板

(b) 直线工具绘制效果

图 7-16 直线效果图

7.2.6 使用自定义形状工具

使用自定形状工具可以绘制 Photoshop 预设的各种图形。自定义形状工具属性栏及"形状"面板如图 7-17 所示。

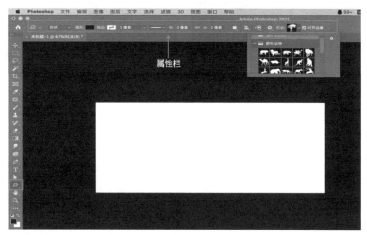

图 7-17 自定义形状工具

7.3 项目实训

7.3.1 设计男士 T 恤 Banner

【学习目标】

掌握钢笔工具和矩形工具的使用方法。

【知识要点】

使用钢笔工具和矩形工具调整背景,调入产品,输入文案,最终效果如图 7-18 所示。

实操视频

设计男士 T 恤
Banner.mp4

图 7-18 男士 T 恤 Banner 最终效果

【操作步骤】

第 1 步:新建任意工作区,填充渐变色,如图 7-19 所示。
第 2 步:使用钢笔工具绘制形状,如图 7-20 所示。

图 7-19 填充渐变色

图 7-20 绘制形状

第 3 步：设置图案叠加，如图 7-21 所示。
第 4 步：修改不透明度，如图 7-22 所示。

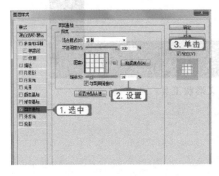
图 7-21 设置图案叠加

图 7-22 修改不透明度

第 5 步：绘制矩形，如图 7-23 所示。
第 6 步：打开"素材库/项目 7/男士 T 恤"图片，添加 T 恤素材到场景中，如图 7-24 所示。

图 7-23 绘制矩形

图 7-24 添加素材

第 7 步：输入文字，如图 7-25 所示。
第 8 步：修改文字颜色，如图 7-18 所示。

图 7-25 输入文字

7.3.2 人物抠图

【学习目标】

掌握钢笔工具、调整边缘命令的使用方法。

【知识要点】

人物抠图的思路如下:用钢笔工具仔细地抠出除头发以外的部分,头发部分只大概地勾勒轮廓,然后用"调整边缘"命令进行处理,最终效果如图7-26所示。

图 7-26　人物抠图最终效果

【操作步骤】

第1步:打开"素材库/项目7/模特"图片,如图7-27所示。

第2步:使用钢笔工具从模特头部开始抠起,头发抠出轮廓即可,发丝最后用"调整边缘"命令擦出,如图7-28所示。

图 7-27　打开图片

图 7-28　头发抠图

第 3 步：使用钢笔工具仔细地抠出衣服、鞋子部分，在抠图时不要贴着边缘抠，应在向里大概 1 像素的位置抠图，可以避免漏边，如图 7-29 所示。

第 4 步：按 Ctrl+Enter 组合键，转换为选区，执行"图像"→"调整"→"反向"命令，选中人物，如图 7-30 所示。

图 7-29　鞋子抠图　　　　　　　　图 7-30　转换选区

第 5 步：在工具箱中选择任意选区类工具，如椭圆选框工具，在图像上右击，在弹出的快捷菜单中选择"调整边缘"命令，如图 7-31 所示。

第 6 步：单击"视图"的向下按钮，选择"白底"，方便查看抠图效果，如图 7-32 所示。

图 7-31　调整边缘　　　　　　　　图 7-32　白底

第 7 步：使用缩放工具放大模特上半身，右击调整边缘对话框的调整半径工具，使用"调整半径工具"涂抹头发部分，将发丝从背景中分离出来，如图 7-33 所示。

第 8 步：调整平滑和羽化的参数，减少发丝部分的背景边缘，使发丝抠得更干净，设置输出到"新建带有图层蒙版的图层"，如图 7-34 所示。

项目 7　路径的创建与应用　153

图 7-33　涂抹头发

图 7-34　输出选择

第 9 步：最终效果如图 7-26 所示。

7.3.3　设计店标

【学习目标】

掌握钢笔工具、画笔工具和文字工具的使用方法。

【知识要点】

本节将以"狗粮"店铺为例制作一款名为"汪汪小店"的店标。为了使制作的店标简洁美观、生动有趣，这里将萌宠小汪图形植入店标，并为其设置头像移动的动画效果，以可爱、多彩文本突出店名，最后将其上传到店铺，如图 7-35 和图 7-36 所示。

实操视频

设计店标.mp4

图 7-35　店标最终效果

图 7-36　上传到店铺效果

店标制作方法如图 7-37 所示。

① 提取关键字，取得关键字的首字母

② 分析行业、主营业务或产品分类，对其进行抽象化描述，选择可替代该行业的图案

③ 将字母与图案结合，完成标志的构思

④ 修改完善设计

图 7-37　店标制作方法

【操作步骤】

第1步：按 Ctrl+N 组合键，弹出"新建"对话框，将图层命名为"静态店标设计"，尺寸如图7-38所示。

第2步：将前景色设置为♯fbf5e2，按 Alt+D 组合键，进行前景色填充。在工具箱中选择钢笔工具，绘制如图7-39所示的路径。

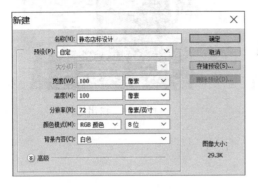
图7-38 新建工作区

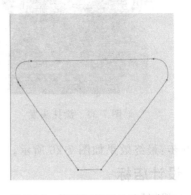
图7-39 使用钢笔工具绘制路径

第3步：将前景色设置为♯76522c，在工具箱中选择画笔工具，设置大小为2，硬度为100%，单击"路径"面板底部的"用画笔描边路径"按钮，描边路径，如图7-40所示。

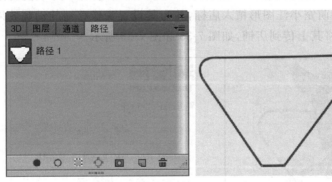
图7-40 描边路径

第4步：在工具箱中选择钢笔工具，绘制如图7-41所示的路径，牛头的颜色设置为♯ceab52。

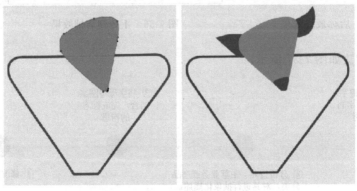
图7-41 使用钢笔工具绘制牛头

第 5 步：在工具箱中选择椭圆工具，绘制如图 7-42 所示的图形。

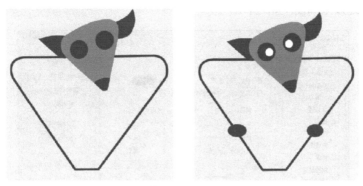

图 7-42　使用椭圆工具绘制图形

第 6 步：对眼珠进行编辑，如图 7-43 所示。
第 7 步：在工具箱中选择"文字工具"，输入文本"汪汪小店"，如图 7-44 所示。

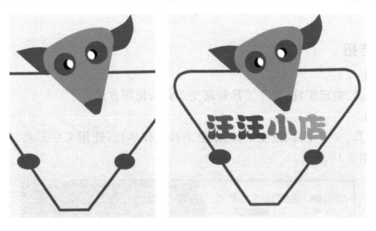

图 7-43　编辑眼珠　　　　　　图 7-44　输入文本

第 8 步：对文字进行变形处理，如图 7-45 所示。
第 9 步：在工具箱中选择文字工具，输入文本"welcome"，并对牛头图形所在图层进行合并，如图 7-46 所示。

图 7-45　文字变形处理　　　　　　图 7-46　输入文本并合并图层

第 10 步:对牛头所在图层进行投影效果的处理,设置如图 7-47 所示。
第 11 步:最终效果如图 7-35 所示。

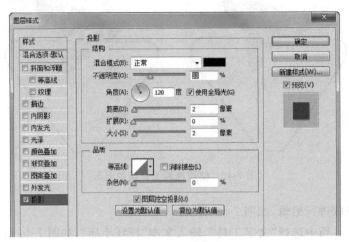

图 7-47　投影效果处理

7.3.4　设计店招

【学习目标】

掌握钢笔工具、矩形工具、文字工具和渐变工具的使用方法。

【知识要点】

使用钢笔工具、文字工具、渐变工具、矩形工具制作店招,使用文字工具、矩形工具制作导航,最终效果如图 7-48 所示。

图 7-48　店招最终效果

【相关知识】

1. 店招的设计原则

为了便于网店商品的推广,让店招便于记忆,除了需要在设计上具有新颖别致、易于传播的特点外,还应遵循两个基本原则:一是品牌形象的植入;二是抓住产品定位,如图 7-49 所示。

图 7-49　店招的设计原则

2. 店招的设计要求

以淘宝网为例,按尺寸大小可以将店招分为常规店招和通栏店招两类。常规店招为

950像素×120像素;通栏店招包括页头背景、常规店招和导航条,尺寸多为1920像素×150像素。需要注意的是,为了便于店招的上传,页头背景图片大小建议小于200kB,店招大小建议小于80kB,店招的格式也应设置成JPG、GIF、PNG或SWF等格式,如图7-50所示。

图 7-50　店招的设计要求

【操作步骤】

1. 设计常规店招

第 1 步:绘制图形,如图 7-51 所示。

图 7-51　绘制图形

第 2 步:设置渐变填充,如图 7-52 所示。

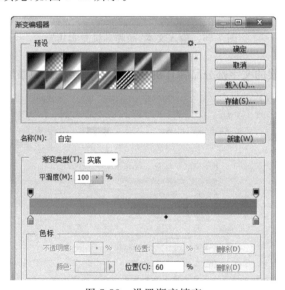

图 7-52　设置渐变填充

第 3 步:选择渐变工具,鼠标指针放在工作区域的选区位置,单击左键不放,从左向右拖动鼠标,完成渐变填充形状,如图 7-53 所示。

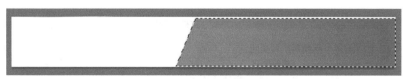

图 7-53　填色

第 4 步：选择文字工具，在左边位置输入文本内容，如图 7-54 所示。

图 7-54　输入文本"尚音阁"

第 5 步：选择直线形状工具，绘制直线，如图 7-55 所示。

图 7-55　绘制直线

第 6 步：选择文本工具，在直线的右边输入文本内容"品牌耳机专卖店"，如图 7-56 所示。

图 7-56　输入文本"品牌耳机专卖店"

第 7 步：双击文字图层的文字部分品牌耳机专卖店，在图层样式中添加投影，如图 7-57 所示。

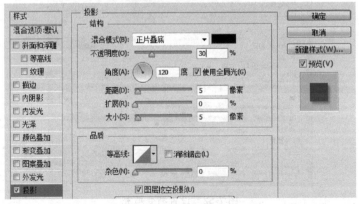

图 7-57　添加投影

第 8 步：输入文本"关注收藏"并切换到圆角矩形工具，调整圆角矩形工具的属性，绘制矩形，如图 7-58 所示。

图 7-58　输入文本并绘制矩形

第9步:链接图层,如图7-59所示。

图7-59 链接图层

第10步:查看效果,如图7-60所示。

图7-60 最终效果

2. 设计通栏店招

第1步:添加参考线并填充图层,如图7-61所示。

图7-61 添加参考线并填充图层

第2步:编辑形状,如图7-62所示。

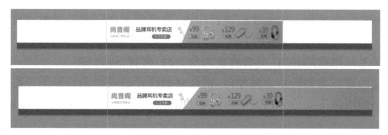

图7-62 编辑形状

第3步:制作导航条,如图7-63所示。

图 7-63 制作导航条

思考与练习

一、单项选择题

1. 以下可以编辑路径的工具有（　　）。
   A. 钢笔　　　　B. 铅笔　　　　　C. 直接选择工具　　D. 磁性钢笔工具
2. 移动一条参考线的方法是（　　）。
   A. 选择移动工具拖拉
   B. 无论当前使用何种工具，都是按住 Alt 键的同时单击
   C. 在工具箱中选择任何工具进行拖拉
   D. 无论当前使用何种工具，都是按住 Shift 键的同时单击
3. 在按住 Alt 键的同时，使用（　　）选择路径后，拖拉将复制该路径。
   A. 钢笔工具　　B. 自由钢笔工具　C. 直接选择工具　　D. 移动工具
4. 按住（　　）键的同时单击"路径"面板中的填充路径图标，会弹出 Fill Path（填充路径）对话框。
   A. Shift　　　　B. Alt　　　　　C. Ctrl　　　　　D. Shift＋Ctrl
5. 当将浮动的选择范围转换为路径时，所创建的路径的状态是（　　）。
   A. 工作路径　　B. 开发的子路径　C. 剪贴路径　　　D. 填充的子路径
6. 使用钢笔工具可以绘制的最简单的线条是（　　）。
   A. 直线　　　　B. 曲线　　　　　C. 锚点　　　　　D. 像素

二、判断题

1. 对矢量图进行缩放到一定大小后进行印刷，有可能出现印刷后图像不清晰的效果。
   （　　）
2. 使用钢笔工具创建路径时，当需转换为角点时，需按 Shift 键。（　　）
3. 当将浮动的选择范围转换为路径时，所创建的路径的状态是开发的子路径。（　　）
4. 计算机中的图像主要分为两大类，即矢量图和位图，而 Photoshop 中绘制的是矢量图。
   （　　）
5. 在 Photoshop 中双击"图层"调板中的背景层，可把背景层转换为普通图层。（　　）

三、简答题

路径与选区怎样相互转换？

项目 8

文字的创建与应用

文字在网店美工设计中是不可或缺的元素之一,恰当地使用文字可以起到画龙点睛的作用。本章将介绍如何使用文字工具创建变形文字以及创建路径文字等知识。

学习目标
- 熟悉"字符"面板和"段落"面板;
- 掌握使用文字工具创建文字的方法;
- 掌握创建变形文字的方法;
- 掌握创建路径文字的方法。

技能目标
- 掌握文字装饰画的制作方法;
- 掌握金属立体字的制作方法;
- 掌握活动海报的制作方法;
- 掌握电影海报的制作方法。

素养目标
- 在设计中传承和弘扬中华优秀传统文化;
- 践行社会主义核心价值观,培养新时代具有社会责任感的电商美工人员;
- 根据不同平台特点提升相应的美工设计能力,引领社会风尚向上向善发展。

项目 8 素材

项目 8 文字
创建与应用

8.1 使用文字工具

1. 认识文字工具

文字工具位于 Photoshop 的工具箱中,右击该工具,在弹出的快捷菜单中即可看到文字工具组中的 4 个工具:横排文字工具、直排文字工具、直排文字蒙版工具和横排文字蒙版工具。横排文字工具和直排文字工具主要用来创建实体文字,如点文字、段落文字、路径文字、区域文字;而直排文字蒙版工具和横排文字蒙版工具则用来创建文字形状的选区,如图 8-1 所示。

横排文字工具和直排文字工具的使用方法相同,差别在于输入文字的排列方式不同。其中,横排文字工具输入的文字是横向排列的,是目前最为常用的文字排列方式,如图 8-2(a)所示;而直排文字工具输入的文字是纵向排列的,常用于古典感文字以及日文版面的编排,如图 8-2(b) 所示。

在输入文字之前,需要对文字的字体、大小、颜色等属性进行设置,这些设置都可以在文字工具的选项栏中进行。选择工具箱中的横排文字工具,其选项栏如图 8-3 所示。

图 8-1　文字工具及使用效果

(a) 横排文字工具输入的文字　　　　　　　(b) 直排文字工具输入的文字

图 8-2　横、直排文字工具输入的文字

图 8-3　文字工具的选项栏

2. 创建点文字

点文字常用于较短文字的输入，如文章标题、海报上的少量的宣传文字、艺术字等。选择工具箱中的横排文字工具，在选项栏中可以对文字进行字体、字号、颜色等设置。设置完成后在画面中单击（单击处为文字的起点），画面中出现闪烁的光标。输入文字，文字会沿横向进行排列。单击选项栏中的✔按钮（或按 Ctrl+Enter 组合键），完成文字的输入，如图 8-4 所示。

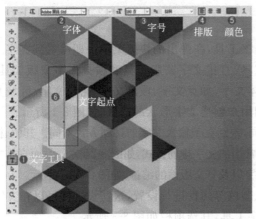

图 8-4　创建点文字

3. 创建段落文字

段落文字是一种用来制作大段文字的常用方式。选择工具箱中的横排文字工具,在选项栏中设置合适的字体、字号、文字颜色、对齐方式。在画布中按住鼠标左键并拖动,绘制一个矩形的文本框,如图 8-5(a)所示;在其中输入文字,文字会自动排列在文本框中,如图 8-5(b)所示。

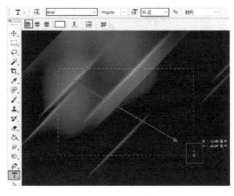 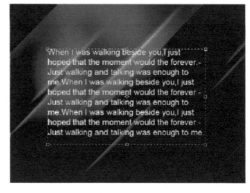

(a) 绘制矩形文本框　　　　　　　　　　　(b) 输入文字

图 8-5　创建段落文字

4. 创建路径文字

路径文字并不是一个单独的工具,而是使用横排文字工具或直排文字工具创建出的依附于路径的一种文字类型,依附于路径的文字行会按照路径的形态进行排列。为了制作路径文字,需要先绘制路径,然后将横排文字工具移动到路径上并单击,此时路径上出现了文字的输入点,如图 8-6(a)所示;输入文字后,文字会沿着路径进行排列,如图 8-6(b)所示。

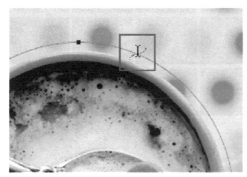 

(a) 文字输入点　　　　　　　　　　　(b) 输入文字

图 8-6　创建路径文字

5. 创建区域文字

绘制一条闭合路径,选择工具箱中的横排文字工具,在选项栏中设置合适的字体、字号及文字颜色。将光标移动至路径内,单击插入光标,可以观察到圆形形状周围出现了文本框,如图 8-7 所示;输入文字,可以观察到文字只在路径内排列;文字输入完成后,单击选项栏中的"提交当前操作"按钮 ,完成区域文字的创建。

尊老爱幼.docx

图 8-7　创建区域文字

6. 创建变形文字

选中需要变形的文字图层，在使用文字工具的状态下，在选项栏中单击"创建文字变形"按钮，弹出"变形文字"对话框。在该对话框中首先在"样式"下拉列表中可以选择变形文字的方式，接着可以对变形轴、弯曲、水平扭曲、垂直扭曲的数值进行设置，如图 8-8(a)所示；图 8-8(b)所示为不同变形方式的文字效果。

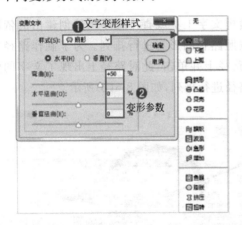 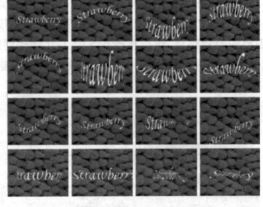

(a) 设置各项参数　　　　　　　　　　　　(b) 不同变形方式的文字效果

图 8-8　创建变形文字

7. 创建文字选区

文字蒙版工具主要用于创建文字选区，而不是实体文字。使用文字蒙版工具创建文字选区的使用方法与使用文字工具创建文字对象的方法基本相同。这里以使用横排文字蒙版工具为例进行介绍。选择工具箱中的横排文字蒙版工具，在选项栏中进行字体、字号、对齐方式的设置。在画面中单击，画面被半透明的蒙版所覆盖；输入文字，文字部分显现出原始图像内容；文字输入完成后，在选项栏中单击"提交当前编辑"按钮，文字将以选区形式出现，如图 8-9 所示。

图 8-9　蒙版文字

8.2　设置文字属性

文字工具选项栏是最方便的设置文字属性的方式,但是选项栏中只能对一些常用属性进行设置,而类似间距、样式、缩进、避头尾法则等选项的设置则需要使用"字符"面板和"段落"面板,这两个面板是进行文字版面编排时最常用到的功能。

1. "字符"面板

选择"窗口"→"字符"命令,打开"字符"面板,该面板专门用来定义页面中字符的属性。在"字符"面板中,除了常见的字体系列、字体样式、字体大小、文字颜色、消除锯齿等设置,还包括行距、字距等常见设置,如图 8-10 所示。

2. "段落"面板

"段落"面板用于设置文本段落的属性,如文字的对齐方式、缩进方式、避头尾设置、标点挤压设置、连字等属性。单击属性栏中的"段落"按钮或选择"窗口"→"段落"命令,可以打开"段落"面板,如图 8-11 所示。

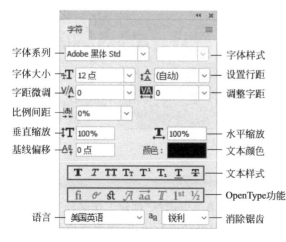 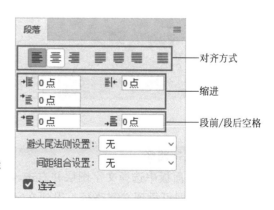

图 8-10　"字符"面板　　　　　　　　图 8-11　"段落"面板

8.3 编辑文字

文字对象是一类特殊的对象,既具有文本属性又具有图像属性。Photoshop 虽然不是专业的文字处理软件,但也具有文字内容的编辑功能,如可以查找替换文本、检查英文拼写等。除此之外,还可以将文字对象转换为普通图层、形状图层,也可以自动识别图像中包含的文字字体。

1. 将文字对象转换为普通图层

在"图层"面板中选择文字图层并右击,在弹出的快捷菜单中选择"栅格化文字"命令,即可将文字对象转换为普通图层,如图 8-12 所示。

图 8-12 将文字对象转换为普通图层

2. 将文字对象转换为形状图层

在"图层"面板中选择文字图层并右击,在弹出的快捷菜单中选择"转换为形状"命令,即可将文字对象转换为形状图层,如图 8-13 所示。

图 8-13 将文字对象转换为形状图层

3. 创建文字路径

在"图层"面板中选择文字图层并右击,在弹出的快捷菜单中选择"创建工作路径"命令,如图 8-14 所示,即可得到文字路径。得到文字路径后,可以对路径进行描边、填充或创建矢量蒙版等操作。

图 8-14 创建文字路径

8.4 项目实训

8.4.1 制作文字装饰画

【学习目标】

掌握文字工具、直线工具、矩形工具、椭圆工具的使用方法。

【知识要点】

使用矩形工具绘制装饰画的轮廓,使用文字工具输入、编辑文字,最终效果如图 8-15 所示。

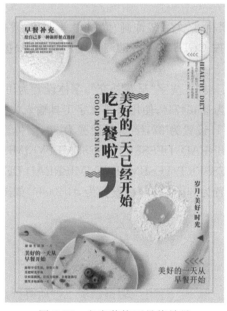

图 8-15 文字装饰画最终效果

实操视频

制作文字
装饰画.mp4

【操作步骤】

第 1 步:新建一个 3543 像素×4724 像素的画布,分辨率为 150 像素/英寸,颜色模式为 "RGB 颜色",并命名为"8.2 文字装饰画的制作",如图 8-16 所示。

第 2 步:设置前景色为♯e5e5ef,按 Alt+Delete 组合键,填充背景画布,如图 8-17 所示。

图 8-16　新建画布

图 8-17　设置前景色并填充背景画布

第 3 步：使用矩形工具创建一个 3216 像素 × 4360 像素的矩形框，描边颜色设置为 ♯89503b，粗细大小设置为 8，描边选项设置为实线，如图 8-18 所示。

图 8-18　设置矩形框 1

第 4 步：使用矩形工具创建一个 3083 像素 × 4240 像素的矩形框，描边颜色设置为 ♯89503b，粗细大小设置为 3，描边选项设置为实线，如图 8-19 所示。

图 8-19　设置矩形框 2

第 5 步：打开"素材库/项目 8/文字装饰画/素材 1、素材 2、素材 3、素材 4、素材 5、素材 6"图片，并拖入新建的画布中，按 Ctrl＋T 组合键调整图片大小，根据图 8-15 将其摆放至对应位置，如图 8-20 所示。

第 6 步：使用横排文字工具输入文字"早餐补充"，字体设置为思源宋体，字号设置为 50，字间距设置为 200，字体颜色设置为 ♯4d4746；使用横排文字工具输入文字"给自己多一种新鲜餐点选择"，字体设置为思源宋体，字号设置为 32，字间距设置为 30，字体颜色设置为 ♯4d4746；使用横排文字工具输入文字"BREAD DESSERT TESEMEIWEIMIA NBAOBREAD DESSERT TESEMEIWEIMI BREAD DESSERT TESEMEIWE IMIBREAD DESSERT"，字体设置为思源宋体，字号设置为 32，字间距设置为 30，字体颜色设置为 ♯040000，如图 8-21 所示。

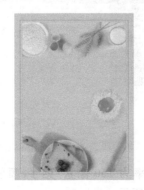
图 8-20　打开素材

图 8-21　输入文字 1

第 7 步:使用椭圆工具,按住 Shift 键的同时拖住鼠标,绘制一个正圆,描边颜色设置为 #513820,粗细设置为 3,描边选项设置为虚线。使用竖排文字工具输入符号"一",字体设置为思源宋体,字号设置为 35,字间距设置为 50,字体颜色设置为 #513820。打开"素材库/项目 8/文字装饰画/符号"图片,放置在虚线左侧。

使用直排文字工具输入"HEALTHY DIET",字体设置为思源宋体,字号设置为 35,字间距设置为 50,字体颜色设置为 #513820;使用直排文字工具输入"感恩有你,一路同行,相伴相随 不要等到明天,才想起感恩",字体设置为思源宋体,字号设置为 20,字间距设置为 30,字体颜色设置为 #513820;使用直排文字工具输入"BU WANG CHU XIN",字体设置为思源宋体,字号设置为 27,字间距设置为 200,字体颜色设置为 #513820,如图 8-22 所示。

图 8-22　输入文字 2

第 8 步:使用直线工具绘制直线,设置宽为 2 像素,高为 406 像素,描边颜色设置为 #58320d,粗细设置为 10 像素,描边选项设置为点线,如图 8-23 所示。

图 8-23　设置直线

第 9 步:单击直线形状属性栏中的"设置形状描边类型",描边选项选择点线,更多选项设置为间隙 2,效果如图 8-24 所示。

第 10 步:使用直排文字工具输入"岁月·美好·时光",字体设置为思源宋体,字号设置为 48,字间距设置为 100,字体颜色设置为 #513820。

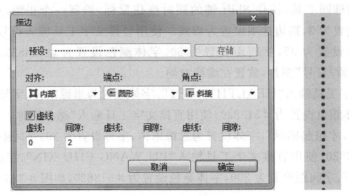

图 8-24　设置描边

第 11 步：使用多边形工具绘制一个三角形，边数设置为 3，填充颜色设置为♯960006，如图 8-25 所示。

第 12 步：打开"素材库/项目 8/文字装饰画/符号"图片，按 Ctrl＋T 组合键，调整符号大小，如图 8-26 所示。

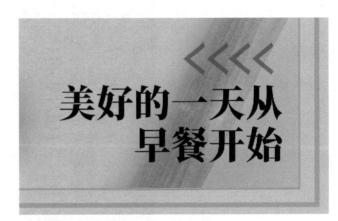

图 8-25　输入文字并绘制三角形　　　　图 8-26　插入符号

第 13 步：使用横排文字工具输入"美好的一天从早餐开始"，字体设置为思源宋体，字号设置为 62，字体颜色设置为♯070606。

第 14 步：使用横排文字工具输入"健康生活每一天"，字体设置为思源宋体，字号设置为 20，字间距设置为 200，字体颜色设置为♯513820。

第 15 步：使用横排文字工具输入"美好的一天从早餐开始"，字体设置为思源宋体，字号设置为 40，行间距设置为 40，字间距设置为 10，字体颜色设置为♯513820。

第 16 步：使用横排文字工具输入"愿你享受生活，好好工作"等文字，字体设置为思源宋体，字号设置为 40，行间距设置为 45，字间距设置为 100，字体颜色设置为♯513820，如图 8-27 所示。

第 17 步：使用直排文字工具输入"GOOD MORNING"，字体设置为思源宋体，字号设置为 44，字间距设置为 190，字体颜色设置为♯424040，如图 8-28 所示。

第 18 步：使用直排文字工具输入"吃早餐啦"，字体设置为思源宋体，字号设置为 120，字间距设置为 100，字体颜色设置为♯000000，如图 8-29 所示。

第19步：使用直排文字工具输入"美好的一天已经开始"，字体设置为思源宋体，字号设置为100，字间距设置为100，字体颜色设置为♯29322e，如图8-30所示。

图8-27 输入文字3

图8-28 输入文字4　　　　图8-29 输入文字5　　　　图8-30 输入文字6

第20步：插入"符号2"和"符号3"，按Ctrl+T组合键，调整符号大小，最终效果如图8-15所示。

8.4.2 制作金属立体字

【学习目标】

掌握文字工具、图层样式中斜面和浮雕的使用方法。

【知识要点】

打开素材，使用文字工具输入相应的文字，置入金属纹理，并进行图层样式中斜面和浮雕效果的操作，最终效果如图8-31所示。

制作金属
立体字.mp4

图 8-31　金属立体字最终效果

【操作步骤】

第 1 步：新建一个 2400 像素×1200 像素的画布，分辨率为 300 像素/英寸，颜色模式为"RGB 颜色"，并命名为"金属立体字"，如图 8-32 所示。

第 2 步：打开"素材库/项目 8/金属立体字/背景"图片，如图 8-33 所示。

图 8-32　新建工作区

图 8-33　背景素材

第 3 步：使用横排文字工具输入"电子商务"，字体设置为造字工房朗倩和仿斜体，字号设置为 85，如图 8-34 所示。

图 8-34　输入文字 1

第 4 步：使用横排文字工具输入"E-COMMERCE"，字体设置为造字工房朗倩和仿斜体，字号设置为 28，如图 8-35 所示。

图 8-35　输入文字 2

第 5 步：选中两个文字图层，右击，在弹出的快捷菜单中选择"转换为智能对象"命令，如图 8-36 所示。

图 8-36　转换文字图层

第 6 步：打开"素材库/项目 8/金属立体字/金属纹理"图片，选择金属纹理图层，右击创建剪切蒙版，效果如图 8-37 所示。

图 8-37　创建剪切蒙版

第 7 步：选中智能对象文件，添加图层样式。选中"斜面和浮雕"复选框，样式设置为"内斜面"，方法设置为"雕刻清晰"，深度为 272%，方向设置为"上"，大小设置为 29 像素，软化设置为 8 像素，如图 8-38(a)所示；选中"投影"复选框，混合模式设置为"正片叠底"，不透明度设置为 61%，角度为默认，距离设置为 23 像素，扩展设置为 20%，大小设置为 8 像素，如图 8-38(b)所示。

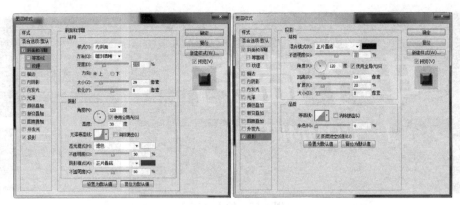

(a) 设置斜面和浮雕　　　　　　　　(b) 设置投影

图 8-38　斜面和浮雕以及投影设置

第 8 步：新建曲线图层，选中智能对象图层，按住 Ctrl 键建立选区，利用橡皮擦擦出高光，效果如图 8-39 所示。

图 8-39　新建曲线调整层

第 9 步：打开"素材库/项目 8/金属立体字/高光"图片，最终效果如图 8-31 所示。

8.4.3　制作活动海报

【学习目标】

掌握文字工具的使用方法。

【知识要点】

打开素材，使用文字工具输入相应的文字，并进行编辑，如图 8-40 所示。

图 8-40　活动海报最终效果

实操视频

制作活动
海报.mp4

【操作步骤】

第1步：新建一个1920像素×900像素的画布，分辨率为72像素/英寸，颜色模式为"RGB颜色"，并命名为"活动海报"，如图8-41所示。

第2步：打开"素材库/项目8/背景"图片，如图8-42所示。

图8-41　新建画布

图8-42　打开背景

第3步：使用横排文字工具输入"聚惠狂欢4折起"，字体设置为微软雅黑，字号设置为175，字体颜色设置为♯ffffff；单独选中文字"4"，设置字体颜色为♯fff600，如图8-43所示。

第4步：打开"素材库/项目8/活动海报/标签"图片，使用横排文字工具输入满减信息，字号设置为60，字间距设置为200，字体颜色设置为♯ef393b，如图8-44所示。

图8-43　输入文字1

图8-44　打开标签

第5步：使用横排文字工具输入活动时间，字号设置为40，字体颜色设置为♯ffffff，如图8-45所示。

第6步：使用横排文字工具输入英文和"点击查看"，字号设置为14，字体颜色设置为♯ffffff。把所有图层选中，居中对齐，最终效果如图8-40所示。

图8-45　输入文字2

8.4.4 制作电影海报

【学习目标】

掌握文字工具和圆角矩形工具的使用方法。

【知识要点】

打开素材,使用文字工具输入相应的文字,并进行编辑,如图8-46所示。

图 8-46 电影海报最终效果

【操作步骤】

第1步:新建一个3543像素×4724像素的画布,分辨率为150像素/英寸,颜色模式为"CMYK颜色",并命名为"电影海报",如图8-47所示。

第2步:打开"素材库/项目8/电影海报/背景、人物"图片,按Ctrl+T组合键,调整素材大小,如图8-48所示。

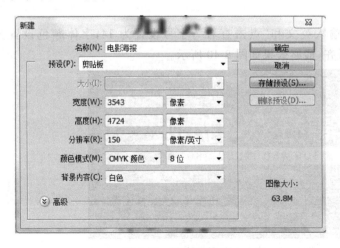

图 8-47 新建画布

图 8-48 打开素材

第3步:置入素材"文案",按 Ctrl+T 组合键,调整素材大小,如图8-49所示。

第4步:使用直排文字工具输入"如果你没有上车"等文字,字体设置为楷体,字号设置为60,行间距设置为85,字间距设置为-75,字体颜色设置为♯030000,如图8-50所示。

图8-49　置入素材　　　　　图8-50　输入文字1

第5步:使用圆角矩形工具绘制图形,如图8-51所示。

第6步:使用直排文字工具输入"刘若英",字体设置为字魂73号,字号设置为60,字体颜色设置为♯00000,如图8-52所示。使用横排文字工具输入"导演"等文字,最终效果如图8-46所示。

图8-51　绘制图形　　　　　图8-52　输入文字2

思考与练习

一、单项选择题

1. 下列文字图层中,(　　)不能进行修改和编辑。

　　A. 文字颜色

　　B. 文字内容,如加字或减字

　　C. 文字大小

　　D. 将文字图层转换为普通图层后文字的排列方式

2. 在对文字进行类似滤镜效果的制作时,首先要将文字进行( )命令转换。
   A. 图层/栅格化/文字　　　　　　B. 图层/文字/水平
   C. 图层/文字/垂直　　　　　　　D. 图层/文字/转换为形状
3. 在 Photoshop 中包括的文字工具有( )。
   A. 横排文字工具、直排文字工具、横排文字蒙版工具、直排文字蒙版工具
   B. 文字工具、文字蒙版工具、路径文字工具、区域文字工具
   C. 文字工具、文字蒙版工具、横排文字蒙版工具、直排文字蒙版工具
   D. 横排文字工具、直排文字工具、路径文字工具、区域文字工具
4. 下列有关段落文本的说法中不正确的是( )。
   A. 用户可对段落文本设置更多的对齐方式
   B. 用户可通过旋转段落控制框使文字倾斜排列
   C. 用户可通过调整段落控制框调整文字大小
   D. 用户不能对段落文本设置变形样式
5. 下列有关文本编辑的说法中,不正确的是( )。
   A. 用户不能对文字使用色阶、色调调整和滤镜等命令
   B. 用户可对文字进行变形
   C. 用户不能对文字进行扭曲和透视变形
   D. 对文字进行变形的方法与对普通图像进行变形的方法不同

二、判断题

1. 利用文字工具在图像文件中输入文字后,可以不进行图层转换而使用"滤镜"命令制作各种艺术效果。　　　　　　　　　　　　　　　　　　　　　　　　( )
2. 在"文字变形"对话框中提供了很多种变形样式,鱼眼不是样式菜单所提供的。( )
3. RGB 模式分别代表红、绿、蓝 3 种颜色,是一种印刷模式。　　　　( )
4. Photoshop 中填充背景色的快捷键是 Ctrl＋Delete 组合键。　　　　( )
5. 除了利用缩放工具调整图像的视图大小外,也可以按 Ctrl＋＞组合键和 Ctrl＋＜组合键进行缩放。　　　　　　　　　　　　　　　　　　　　　　　　　( )

三、简答题

1. 如何将文字转换为普通图层?
2. 如何在图像中编辑输入的文字?

项目 9

蒙版与通道

蒙版和通道是 Photoshop 中十分强大的功能,业内人称"通道是核心,蒙版是灵魂",它们是 Photoshop 用户从初级向中级迈进的重要门槛。在蒙版和通道的作用下,Photoshop 中的各项调整功能才能真正发挥到极致。本章将重点学习蒙版和通道的编辑与应用方法。

学习目标

- 掌握添加、复制、移动与删除图层蒙版的方法;
- 掌握剪贴蒙版的使用技巧;
- 掌握"通道"面板的操作方法;
- 掌握创建和复制通道的方法。

技能目标

- 掌握秋冬新风尚登山鞋海报制作方法;
- 掌握人物婚纱抠图的方法;
- 掌握优惠券的制作方法;
- 掌握促销主图的制作方法。

素养目标

- 培养实践出真知的精神;
- 培养视觉设计的兴趣;
- 培养文化自信和职业自信。

项目 9 素材

蒙版与通道微课

9.1 蒙版

蒙版共有 4 种,即剪贴蒙版、图层蒙版、矢量蒙版和快速蒙版,蒙版使用效果如图 9-1 和图 9-2 所示。这 4 种蒙版的原理与操作方式各不相同,下面简单介绍各种蒙版的特性。

(1) 剪贴蒙版:以下层图层的形状控制上层图层显示内容,常用于合成中为某个图层赋予另外一个图层中的内容。

(2) 图层蒙版:图层蒙版是在当前图层上面覆盖一层玻璃片,这种玻璃片有透明的、半透明的以及完全不透明的,图层蒙版是 Photoshop 中一项十分重要的功能。

(3) 矢量蒙版:矢量蒙版又称路径蒙版,是可以任意放大或缩小的蒙版。矢量蒙版是可对图像实现部分遮罩的一种图片,遮罩效果可以通过具体的软件设定,就是相当于用一张掏出形状的图板蒙在被遮罩的图片上面。

(4) 快速蒙版:以"绘图"的方式创建各种随意的选区。与其说它是一种蒙版,不如称为选区工具。

具体介绍如下。

图 9-1　蒙版使用效果 1　　　　　图 9-2　蒙版使用效果 2

1. 剪贴蒙版

剪贴蒙版需要至少两个图层才能使用,其原理是通过使用处于下方图层(基底图层)的形状,限制上方图层(内容图层)的显示内容。也就是说,基底图层的形状决定了显示的形状,而内容图层则控制显示的图案,如图 9-3 所示。

图 9-3　剪贴蒙版

2. 图层蒙版

图层蒙版只应用于一个图层上,为某个图层添加图层蒙版后,可以通过在图层蒙版中绘制黑色或者白色来控制图层的显示与隐藏。图层蒙版是一种非破坏性的抠图方式。在图层蒙版中显示黑色的部分,其图层中的内容会变为透明;灰色部分变为半透明;白色部分则是完全不透明的。图层蒙版使用效果如图 9-4 所示。

(a) 原图　　　　　(b) 图层蒙版　　　　　(c) 效果

图 9-4　图层蒙版使用效果

3. 矢量蒙版

矢量蒙版与图层蒙版较为相似,都是依附于某一个图层/图层组,差别在于矢量蒙版是通过路径形状控制图像的显示区域,路径范围以内的区域为显示,路径范围以外的区域为隐藏。矢量蒙版是一款矢量工具,可以使用钢笔或形状工具在蒙版上绘制路径,来控制图像显示/隐藏。另外,矢量蒙版上的路径还可以方便地调整形态,从而制作出精确的蒙版区域。

4. 快速蒙版

使用快速蒙版创建出的对象是选区,但其创建选区的方式与其他选区工具有所不同。使用快速蒙版制作如图 9-5 所示的图像,步骤如下。

图 9-5 使用快速蒙版创建选区

第 1 步:打开一张图像,单击工具箱下方的"以快速蒙版模式编辑"按钮,将图像切换到快速蒙版模式。

第 2 步:选择画笔工具,设置前景色为黑色;选择枫叶画笔,在图像上涂抹,涂抹的位置颜色变成粉色。

第 3 步:单击工具箱下方的"以标准模式编辑"按钮,没有被粉色涂抹到的区域将创建为选区,删除选区,即可得到如图 9-5 所示的效果。

9.2 通道

通道用于储存颜色信息和选区信息。在 Photoshop 中有 3 种类型的通道,即颜色通道、专色通道和 Alpha 通道。其中,颜色通道和专色通道用于储存颜色信息,而 Alpha 通道则用于储存选区。选择"窗口"→"通道"命令,打开"通道"面板,可以看到一个彩色的缩览图和几个灰色的缩览图,这些就是通道,如图 9-6 所示。"通道"面板主要用于创建、存储、编辑和管理通道。

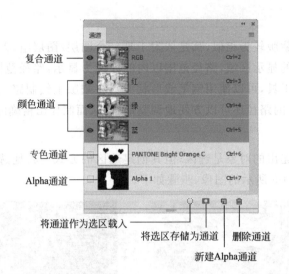

图 9-6 "通道"面板

（1）颜色通道：记录图像颜色信息。不同颜色模式的图像显示的颜色通道个数不同，如 RGB 图像显示红色、绿色和蓝色 3 个颜色通道，而 CMYK 图像则显示青色、洋红、黄色、黑色 4 个颜色通道。

（2）Alpha 通道：保存选区，可以在 Alpha 通道中绘画、填充颜色、填充渐变、应用滤镜等。在 Alpha 通道中，白色部分为选区内部，黑色部分为选区外部，灰色部分则为半透明选区。

（3）将通道作为选区载入：单击该按钮，可以载入所选通道的选区。在通道中，白色部分为选区内部，黑色部分为选区外部，灰色部分则为半透明选区。

（4）将选区存储为通道：如果图像中有选区，单击该按钮，可以将选区中的内容存储到通道中，选区内部会被填充为白色，选区外部会被填充为黑色，羽化的选区为灰色。

（5）新建 Alpha 通道：单击该按钮，可以新建一个 Alpha 通道。

（6）删除通道：将通道拖曳到该按钮上，可以删除选择的通道。在删除颜色通道时要特别注意，如果删除的是红、绿、蓝通道中的一个，那么 RGB 通道也会被删除；如果删除的是复合通道，那么将删除 Alpha 通道和专色通道以外的所有通道。

（7）复合通道：保存图像综合颜信息的通道称为复合通道。

（8）专色通道：可以保存专色信息的通道，即它可以作为一个专色版应用到图像和印刷当中，这是它与 Alpha 通道的不同之处。同时，专色通道具有 Alpha 通道的一切特点——保存选区信息和透明度信息。

9.3 项目实训

9.3.1 制作秋冬新风尚登山鞋海报

【学习目标】

掌握文字工具、剪贴蒙版的使用方法。

【知识要点】

打开背景素材，拖入产品，并制作鞋子投影，输入文案，最终效果如图 9-7 所示。

图 9-7　秋冬新风尚登山鞋海报效果

【操作步骤】

第 1 步：按 Ctrl＋N 组合键，在弹出的"新建"对话框中创建一个 1920 像素×700 像素的新文件，并命名为"登山鞋海报"，如图 9-8 所示。

第 2 步：打开"素材库/项目 9/秋冬新风尚登山鞋海报/登山鞋背景 1.石头"图片，拖入 Photoshop 中，如图 9-9 所示。

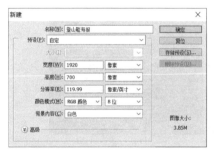

图 9-8　新建工作区　　　　　　　　　　图 9-9　拖入素材 1

第 3 步：打开"素材库/项目 9/秋冬新风尚登山鞋海报/登山鞋"图片，按 Ctrl＋T 组合键，调整素材大小，如图 9-10 所示。注意，调整时按住 Shift 键锁定长宽比，不要让原图变形。

第 4 步：右击"登山鞋"图层，在弹出的快捷菜单中选择"栅格化图层"命令，使其变为普通图层；按 Ctrl＋J 组合键，复制一个图层，如图 9-11 所示。

图 9-10　拖入素材 2　　　　　　　　　图 9-11　栅格化并复制图层

第 5 步：按住 Ctrl 键，单击"登山鞋　拷贝"图层，调出登山鞋的选区，使用油漆桶工具，让图层完全填充为黑色，如图 9-12 所示。

图 9-12　填充黑色

第 6 步：选择"滤镜"→"模糊"→"高斯模糊"命令，弹出"高斯模糊"对话框，设置半径为 10 像素，给图片添加一个高斯模糊效果，调整图层顺序为置于登山鞋图层之下，把登山鞋向上移动一些位置，制作登山鞋的阴影效果，如图 9-13 所示。

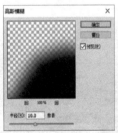

图 9-13　高斯模糊阴影

第 7 步：置入素材-树枝，重复上述操作，制作树枝的阴影效果，并把素材放置于海报右侧，如图 9-14 所示。

图 9-14　放置树枝并制作阴影

第 8 步：输入海报文字，中文字体选择方正清刻本悦宋简体，英文字体选择 Franklin Gothic Demi；选中前 3 排文字，按 Ctrl＋G 组合键，进行编组，如图 9-15 所示。

图 9-15　输入文字并编组

第 9 步：置入素材金色底纹，放在文字编组上，按 Alt＋Ctrl＋G 组合键，为文字创建一个剪贴蒙版，如图 9-16 所示。

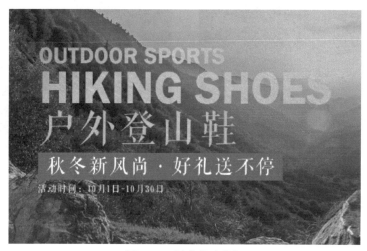

图 9-16　创建剪贴蒙版

第 10 步：按 Ctrl＋Alt＋Shift＋E 组合键盖印所有图层；选择 Camera Raw 滤镜，按 Ctrl＋Shift＋A 组合键，为海报进行整体调色，最终效果如图 9-7 所示。

9.3.2　人物婚纱抠图

【学习目标】

掌握通道和钢笔工具的使用方法。

【知识要点】

打开素材，使用通道抠出婚纱，再使用钢笔工具抠出人物主体部分，最终效果如图 9-17 所示。

图 9-17 人物婚纱抠图最终效果

【操作步骤】

第 1 步:打开"素材库/项目 9/人物婚纱抠图/婚纱模特"图片,选中背景图层,按 Ctrl+J 组合键,复制,新图层为"背景 拷贝",如图 9-18 所示。

第 2 步:打开"通道"面板,如图 9-19 所示。

图 9-18 复制图层

图 9-19 "通道"面板

第 3 步:观察图片效果,选择一个明暗对比度较大的通道,这里选择红色通道,如图 9-20 所示。

第 4 步:按住鼠标左键拖动,在下方复制一个红色通道。复制后选择"红 拷贝"通道,如图 9-21 所示。

图 9-20 选择红色通道

图 9-21 复制红色通道

第 5 步：按 Ctrl+L 组合键，弹出"色阶"对话框，调整图片明暗对比度，如图 9-22 所示。

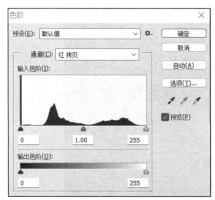 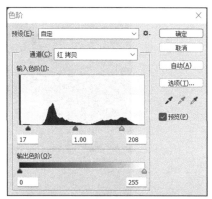

(a) 红色通道效果　　　　　　　　　　　(b) "红 拷贝"通道调整后效果

图 9-22　调整图片明暗对比度

第 6 步：按住 Ctrl 键单击通道或者单击下方虚线圆圈，将通道作为选区载入，如图 9-23 所示。

第 7 步：回到"图层"面板，按 Ctrl+J 组合键，复制选区图像，如图 9-24 所示。

图 9-23　将通道作为选区载入　　　　　图 9-24　复制选区图像

第 8 步：切换到"通道"面板，使用钢笔工具勾出人物的主体轮廓，如图 9-25 所示；回到"图层"面板，按 Ctrl+Enter 组合键和 Ctrl+J 组合键。

第 9 步：将背景图层填充成绿色，最终效果如图 9-17 所示。

图 9-25 勾出人物的主体轮廓

9.3.3 制作优惠券

【学习目标】

掌握矩形工具、圆角矩形工具、直线工具和文字工具的使用方法。

【知识要点】

使用圆角矩形工具绘制整体图形,使用直线工具绘制分隔线,输入文案,最终效果如图 9-26 所示。

实操视频

制作优惠券.mp4

图 9-26 优惠券最终效果

【操作步骤】

第 1 步:新建一个 750 像素×300 像素的画布,使用圆角矩形工具绘制一个矩形选框,半径设置为 20 像素,填充色为红色,如图 9-27 所示。

第 2 步:使用横排文字工具输入优惠券信息,文字内容及排列如图 9-28 所示。

图 9-27 绘制矩形选框

图 9-28 输入文字

第 3 步:使用直线工具绘制中间分隔的虚线,无填充颜色,描边为白色,宽度为 3 像素,样式选择第二个虚线;单击"更多选项"按钮,设置描边选项为虚线 2、间隙 2,如图 9-29 所示。

图 9-29　绘制中间分隔的虚线

第 4 步：使用矩形工具在优惠券右下方绘制一个黄色的矩形选框，如图 9-30 所示；使用横排文字工具输入"点击领取＞"，文字设置为红色，最终效果如图 9-26 所示。

图 9-30　绘制黄色矩形选框

9.3.4　制作促销主图

【学习目标】

掌握矩形工具、圆角矩形工具、椭圆工具和文字工具的使用方法。

【知识要点】

使用矩形工具绘制整体图形，使用椭圆工具绘制左下角图形，输入文案，最终效果如图 9-31 所示。

图 9-31　促销主图最终效果

实操视频

制作促销
主图.mp4

【操作步骤】

第 1 步：新建一个 500 像素×500 像素的画布，打开"素材库/项目 9/促销主图/迷你小风扇"图片，并把素材风扇拖入画布中，如图 9-32 所示。

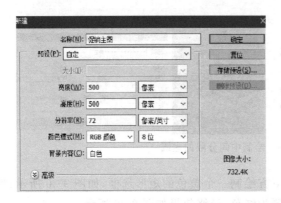

图 9-32　新建画布并拖入素材

第 2 步：使用矩形工具在画布四周绘制边框，填充颜色为红色，如图 9-33 所示。

第 3 步：使用横排文字工具输入促销文本和企业 LOGO，文字颜色与边框颜色一致。在无线手持小风扇和 LOGO 下方绘制一个矩形，把文字颜色更改为白色，突出文字，如图 9-34 所示。

图 9-33　绘制边框并填充颜色　　　　图 9-34　输入文字

第 4 步：使用椭圆工具绘制一个圆形选框，使用矩形选框工具在画面下方绘制一个矩形选框，并输入促销文字，如图 9-35 所示。

第 5 步：打开"素材库/项目 9/促销主图/树叶"，拖入素材树叶，调整图层位置，使其位于风扇图层下方，最终效果如图 9-31 所示。

图 9-35　绘制圆形和矩形边框并输入文字

思考与练习

一、单项选择题

1. 从通道中载入选区时,可以按住(　　)键不放,直接单击存储了选区的通道。
   A. Ctrl　　　　B. Shift　　　　C. Alt　　　　D. 空格
2. 若要进入快速蒙版状态,应该(　　)。
   A. 建立一个选区　　　　　　　B. 选择一个 Alpha 通道
   C. 单击工具箱中的快速蒙版图标　　D. 选择"编辑"→"快速蒙版"命令
3. 在"通道"面板上按(　　)键可以加选或减选。
   A. Alt　　　　B. Shift　　　　C. Ctrl　　　　D. Tab
4. Alpha 通道最主要的用途是(　　)。
   A. 保存图像色彩信息　　　　B. 创建新通道
   C. 存储和建立选择范围　　　D. 是为路径提供的通道
5. 在"通道"面板中,按住(　　)键的同时单击垃圾桶图标,可直接将选中的通道删除。
   A. Shift　　　　B. Alt　　　　C. Ctrl　　　　D. Alt+Shift

二、判断题

1. 利用通道可以进行选区保存。（　　）
2. 通道不会随文件而存储。（　　）
3. 利用蒙版可以保护图层中的图像,无论制作何种效果都不会破坏图像。（　　）
4. Alpha 通道相当于 32 位的灰度图。（　　）
5. Alpha 通道最主要的用途是存储和建立选择范围。（　　）

三、简答题

1. 通道的主要特点有哪些?
2. 创建蒙版的方法有哪些?

项目 10

滤镜在网店美工设计中的应用

滤镜是 Photoshop 中最神奇的功能,利用它可以创作出许多意想不到的图像效果。Photoshop CC 中内置了很多滤镜,本章将详细介绍一些常用滤镜在网店美工设计中的使用方法与技巧。

学习目标
- 熟悉滤镜与滤镜库的功能;
- 掌握液化滤镜的使用方法;
- 掌握其他常用滤镜的使用方法。

技能目标
- 掌握人物皮肤磨皮的方法;
- 掌握下雪效果的制作方法;
- 掌握蓝莓海报的制作方法。

素养目标
- 培养电商美工创新意识和竞争意识;
- 培养发现问题、分析问题、解决问题的能力;
- 提高理论修养,提升美工设计的文化内涵和社会价值。

项目 10 素材

滤镜在网店美工设计中的应用.mp4

10.1 滤镜库

1. 认识滤镜库

选择"滤镜"→"滤镜库"命令,即可打开"滤镜库"对话框,如图 10-1 所示。

图 10-1 "滤镜库"对话框

2. 使用液化滤镜

使用液化滤镜可以对图像进行任意扭曲,还可以定义扭曲的范围和强度。选择"滤镜"→"液化"命令,弹出"液化"对话框,该对话框中包含多个变形工具,可以对图像进行推、拉、膨胀等操作,如图10-2所示。

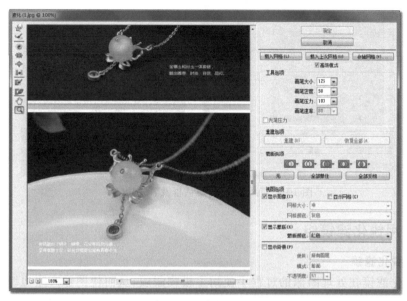

图 10-2 "液化"对话框

10.2 其他常用滤镜

10.2.1 使用模糊滤镜组

1. 动感模糊滤镜

动感模糊滤镜可以根据需要沿着指定方向、以指定强度模糊图像,产生的效果类似于以固定的曝光时间给一个移动的对象拍照。在表现对象的速度感时,经常会用到该滤镜。选择"滤镜"→"模糊"→"动感模糊"命令,可弹出"动感模糊"对话框,如图10-3所示。

图 10-3 "动感模糊"对话框及其使用效果

2. 高斯模糊滤镜

高斯模糊滤镜可以添加低频细节，使图像产生一种朦胧的效果。选择"滤镜"→"模糊"→"高斯模糊"命令，可弹出"高斯模糊"对话框，如图 10-4 所示。

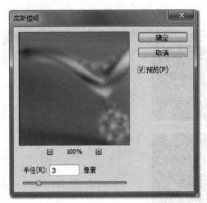

图 10-4　"高斯模糊"对话框及其使用效果

10.2.2　使用锐化滤镜组

1. USM 锐化滤镜

USM 锐化滤镜在处理图像的过程中使用了模糊蒙版，从而使图像产生边缘轮廓锐化的效果。该滤镜在所有锐化滤镜中锐化效果最强，其兼有"进一步锐化""锐化"和"锐化边缘"3 种滤镜功能。选择"滤镜"→"锐化"→"USM 锐化"命令，可弹出"USM 锐化"对话框，如图 10-5 所示。

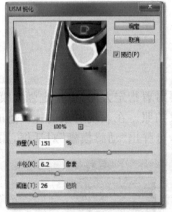

图 10-5　"USM 锐化"对话框及其使用效果

2. 智能锐化滤镜

智能锐化滤镜采用新的运算方法，可以更好地进行边缘探测，减少锐化后产生的晕影，从而进一步调整图像的边缘细节。选择"滤镜"→"锐化"→"智能锐化"命令，可弹出"智能锐化"对话框，如图 10-6 所示。

图 10-6 "智能锐化"对话框及其使用效果

10.2.3 使用像素化滤镜组

1. 马赛克滤镜

马赛克滤镜可以把具有相似色彩的像素合并成为更大的方块,并按原图规则排列,模拟马赛克的效果。选择"滤镜"→"像素化"→"马赛克"命令,可弹出"马赛克"对话框,如图 10-7 所示。

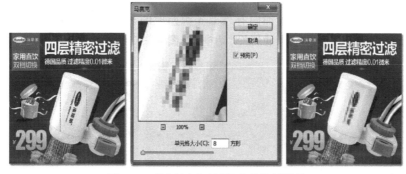

图 10-7 "马赛克"对话框及其使用效果

2. 点状化滤镜

点状化滤镜可以将图像的颜色分解为随机分布的网点,并使用背景色填充网点间的间隙。选择"滤镜"→"像素化"→"点状化"命令,可弹出"点状化"对话框,如图 10-8 所示。

图 10-8 "点状化"对话框及其使用效果

10.2.4 使用渲染滤镜组

1. 镜头光晕滤镜

镜头光晕滤镜可以模拟亮光照射到相机镜头产生的折射效果。选择"滤镜"→"渲染"→"镜头光晕"命令,可弹出"镜头光晕"对话框,如图10-9所示。

图 10-9　"镜头光晕"对话框及其使用效果

2. 光照效果滤镜

光照效果滤镜可以为图像添加如同有外部光源照射的艺术效果。选择"滤镜"→"渲染"→"光照效果"命令,可弹出"光照效果滤镜"对话框,如图10-10所示。

图 10-10　光照效果滤镜面板及其使用效果

10.3 项目实训

10.3.1 人物皮肤磨皮

【学习目标】

掌握高斯模糊滤镜的使用方法。

【知识要点】

打开素材,并转换为智能滤镜,执行高斯模糊,使用画笔工具涂抹脸部即可,最终效果如图10-11所示。

项目 10　滤镜在网店美工设计中的应用

实操视频

人物皮肤
磨皮.mp4

图 10-11　人物皮肤磨皮最终效果

【操作步骤】

第 1 步：打开"素材库/项目 10/素颜模特"图片，置入 Photoshop，如图 10-12 所示。

第 2 步：按 Ctrl+T 组合键，复制模特图层。选择复制的模特图层，右击，在弹出的快捷菜单中选择"转换为智能对象"命令，如图 10-13 所示。

图 10-12　打开素材　　　　　　　　图 10-13　复制图层并转换为智能对象

第 3 步：选择"滤镜"→"模糊"→"高斯模糊"命令，弹出"高斯模糊"对话框，设置半径为 2.5 像素，如图 10-14 所示。

图 10-14　高斯模糊

第 4 步：设置前景色为白色,使用工具箱的画笔工具,在画笔工具属性栏中调整画笔大小为 25 像素,选择柔边缘,擦出皮肤部分,将斑点皮肤遮盖,如图 10-15 所示。

图 10-15　画笔工具操作图

第 5 步：最终效果如图 10-11 所示。

10.3.2　制作下雪效果

【学习目标】

掌握杂色、动感模糊滤镜的使用方法。

【知识要点】

打开素材,新建图层,执行杂色滤镜操作,再执行动感模糊滤镜操作,将混合模式设置为"滤色",最终效果如图 10-16 所示。

图 10-16　下雪效果

实操视频

制作下雪
特效.mp4

【操作步骤】

第 1 步：打开"素材库/项目 10/雪乡"图片,如图 10-17 所示。

第 2 步：新建图层,填充黑色,选择"滤镜"→"杂色"→"添加杂色"命令,弹出"添加杂色"对话框,设置数量为 25%,分布设置为"高斯分布",选中"单色"按钮,如图 10-18 所示。

图 10-17　打开图片　　　　　　　　　　图 10-18　添加杂色

第 3 步：选中图层 1，使用矩形选框工具绘制一个小一些的矩形选框，按 Ctrl＋Shift＋I 组合键反选，按 Delete 键删除，再按 Ctrl＋D 组合键取消选取，只保留一小部分图形，如图 10-19 所示。

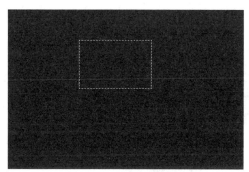

图 10-19　保留部分图形

第 4 步：按 Ctrl＋T 组合键放大图层 1，选择"滤镜"→"模糊"→"动感模糊"命令，弹出"动感模糊"对话框，设置角度为 45°，距离为 30 像素，如图 10-20 所示。

图 10-20　动感模糊

第 5 步：设置图层 1 混合模式为"滤色"，不透明度为 75％，效果如图 10-21 所示。

图 10-21　滤色效果

10.3.3　制作蓝莓海报

【学习目标】

掌握径向模糊滤镜、多边形套索工具的使用方法。

【知识要点】

打开素材，执行径向模糊滤镜，对左侧使用多边形套索工具和蒙版，输入文案，最终效果如图 10-22 所示。

图 10-22　蓝莓海报最终效果

实操视频

制作蓝莓海报.mp4

【操作步骤】

第 1 步：新建文件，尺寸为 1920 像素×650 像素，分辨率为 72 像素/英寸，名称设置为"蓝莓海报"，颜色模式为"RGB 颜色"，如图 10-23 所示。

第 2 步：打开"素材库/项目 10/蓝莓"图片，如图 10-24 所示。

图 10-23　新建文件　　　　　　　　　　图 10-24　打开图片

第 3 步：选择"模糊"→"径向模糊"命令，弹出"径向模糊"对话框，数量设置为 5，模糊方法设置为"旋转"，品质设置为"好"，如图 10-25 所示。

图 10-25　径向模糊

第 4 步：设置前景色为♯cfd6ff，为背景图层填充浅紫色，在图层 1 添加图层蒙版，使用多边形套索工具绘制三角形，然后填充黑色，即可遮挡住图层 1 的三角区域内容，显示下一图层即背景图层浅紫色背景的内容，如图 10-26 所示。

图 10-26　图层蒙版

第 5 步：打开"素材库/项目 10/水果"图片，并置入文件中，效果如图 10-27 所示。

图 10-27　置入素材

第 6 步：使用横排文字工具输入文字，字号设置为 175，字体设置为微软雅黑 Bold，字间距设置为 100，颜色设置为♯4353b2，"蓝"字单独设置颜色为♯8d19aa，如图 10-28 所示。

图 10-28　输入文字

第 7 步：输入海报文字，中文字体选择微软雅黑，英文字体选择 Arial。选择字体图层，按 Ctrl＋G 组合键进行编组，如图 10-29 所示。

图 10-29 编组

第 8 步：使用多边形套索工具绘制多边形形状，使用横排文字工具添加文案，字号设置为 35，字体设置为微软雅黑，最终效果如图 10-22 所示。

思考与练习

一、单项选择题

1. 在对图像应用滤镜效果时，下列（　　）模式的图像不能应用滤镜。
   A. 位图模式　　　B. RGB 模式　　　C. CMYK 模式　　　D. Lab 模式
2. 下述（　　）滤镜不能应用于 CMYK 颜色模式的图像。
   A. 浮雕效果　　　B. 艺术效果　　　C. 光照效果　　　D. 高斯模糊
3. 在应用滤镜时，下列（　　）说法是不正确的。
   A. 可以对单独的某一层图像应用滤镜，然后通过颜色混合合成图像
   B. 对选区内的图像应用滤镜时，可以先将选区进行羽化，以便使选区内的图像与图像其他部分生成比较好的融合效果
   C. 不能对单一的颜色通道或者 Alpha 通道执行滤镜
   D. 如果对滤镜的效果不太熟悉，可以先将滤镜的参数设置得小一点，然后反复按 Ctrl+F 组合键重复应用滤镜效果
4. 如果用户对滤镜的效果不是十分熟悉，可以先将滤镜的参数设置得小一点，然后再按（　　）组合键进行多次的滤镜效果应用。
   A. Ctrl+Z　　　B. Ctrl+Shift+F　　　C. Ctrl+F　　　D. Alt+F
5. 下列（　　）内部滤镜可以实现立体化效果。
   A. 风　　　B. 等高线　　　C. 浮雕效果　　　D. 撕边

二、判断题

1. 锐化滤镜主要是增加图像中相邻像素的对比度，使图像的细节更清晰。（　　）
2. 三维变换滤镜可使二维图像产生三维效果。（　　）
3. Photoshop 中"滤镜"→"渲染"→"3D 变换"命令无法在没有任何像素的图层中运行。（　　）
4. Photoshop 中，光照滤镜效果只在 RGB 模式图像应用。（　　）
5. 当图像是索引颜色模式时，所有的滤镜都不可以使用（假设图像是 8 位/通道）。（　　）

三、简答题

简述滤镜的使用方法。

项目 11

综合实训

随着社会的进步和科技的不断发展,越来越多的民族元素被应用到生活当中的方方面面,不时刮起一阵阵最炫民族风。而贵州地区的刺绣纹样就是其中一种很好的设计素材,本次综合实例引入了贵州省施秉县舞水云台旅游商品开发有限公司典型项目案例和标准化业务实施流程,由具有丰富教学经验的教师执笔,将理论和实践进行充分融合。

学习目标
- 熟悉滤镜的功能;
- 掌握蒙版应用方法;
- 掌握图像的调色和合成应用方法。

技能目标
- 掌握 PC 端民族刺绣装饰画海报的制作方法。

素养目标
- 在进行作品创意设计时,植入中国传统文化、中国元素,增强民族自豪感和文化自信;
- 激发学生创新创造能力,与时俱进,锐意进取,勤于探索,勇于实践;
- 培养标准化操作的能力;
- 培养团队协作能力。

项目 11 素材

11.1 PC 端民族刺绣装饰画海报 1

【学习目标】

学习使用不同的工具完成图像的变换、合成、调色,并综合应用各种工具完成海报的制作。

【知识要点】

使用调整工具调整图像大小和方向,使用修补工具去除图像脏点,使用照片滤镜给图像调色,使用文字工具制作文案,使用直线工具绘制线条,最终效果如图 11-1 所示。

图 11-1 PC 端民族刺绣装饰画海报 1 最终效果

实操视频

PC 端民族刺绣装饰画海报 1.mp4

【操作步骤】

第 1 步：打开"素材库/项目 11/装饰画 1、装饰画 2"图片，并使用修补工具修赃，如图 11-2、11-3 所示。

图 11-2　打开装饰画 1、2 图片

图 11-3　使用修补工具修脏

第 2 步：使用参考线和执行菜单命令"编辑"→"变换"→"扭曲"及"编辑"→"变换"→"变形"命令，校正框架的倾斜和变形问题，效果如图 11-4 所示。

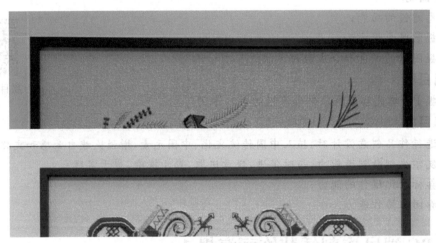
图 11-4　校正倾斜和变形

第 3 步：原片亮度不够，色彩暗淡，对比度不强等问题，执行菜单命令"滤镜"→"Camera Raw 滤镜"命令进行校色，如图 11-5 所示。

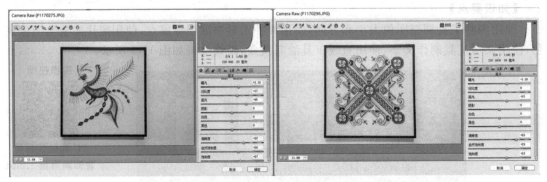
图 11-5　调色

第 4 步：使用工具箱中的多边形套索工具或者钢笔工具去除背景并保存为"装饰画 1.1"和"装饰画 2.2"，PNG 格式，如图 11-6 所示。

图 11-6　去除背景

第 5 步：新建一个 1920 像素×700 像素的画布，并命名为"PC 端民族刺绣装饰画海报 1"，把优化好的"装饰画 1.1"和"装饰画 2.2"使用移动工具拖动到新建的画布中，执行菜单命令"编辑"→"自由变换"命令调整其大小如图 11-7 所示。

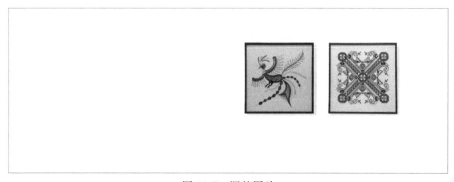

图 11-7　调整图片

第 6 步：使用矩形工具绘制上下两个长方形色块背景，备注：色彩来源于产品，如图 11-8 所示。

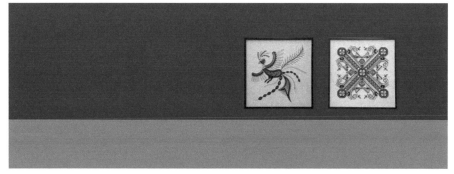

图 11-8　绘制上下色块背景

第 7 步：打开"素材库/项目 11/灯、素材 1、桌椅图片，使用移动工具拖动到画布中，放在合适的位置,按 Ctrl+T 组合键调整其大小,效果如图 11-9 所示。

图 11-9　置入素材

第 8 步:打开 IE 浏览器,输入字体转换器网址,在页面内输入"轻奢刺绣装饰画"效果如图 11-10 所示。

图 11-10　设置"汉仪大宋"字型文字

第 9 步:通过截图或者抓屏,把文字置入到画布中,并去掉白色背景,如图 11-11 所示。

图 11-11　去除文字背景

第 10 步:打散图形文字,即"轻奢""刺绣""装饰画"作为独立的图层,按 Ctrl+T 合键调整到合适大小,如图 11-12 所示。

图 11-12　调整图形文字大小

第 11 步:执行菜单命令"图层"→"图层样式"→"颜色叠加"及"图层"→"图层样式"→"投影"命令,优化文字图形,效果如图 11-13 所示。

图 11-13　优化图形文字

第 12 步:使用文字工具输入"刺绣"文字的英文"Embroidery",并调整其大小,最终效果如图 11-14 所示。

图 11-14　输入英文装饰文字

第 13 步:将前景色设置为白色,在工具箱中使用直线工具绘制直线,最终效果如图 11-15 所示。

图 11-15　绘制直线

第 14 步:将前景色设置为深蓝色,在工具箱中使用矩形工具绘制两个装饰画的投影,适当调整不透明度,最终效果如图 11-16 所示。

图 11-16　绘制装饰画投影

11.2　PC 端民族刺绣装饰画海报 2

【学习目标】
学习使用不同的工具完成图像的变换、合成、调色,并综合应用各种工具完成海报的制作。
【知识要点】
使用调整工具调整图像大小和方向,使用照片滤镜给图像调色,使用文字工具制作文案,使用直线工具绘制线条,使用画笔工具制作投影,最终效果如图 11-17 所示。

图 11-17　化妆品海报最终效果

【操作步骤】

第 1 步：打开"素材库/项目 11/装饰画 3"图片。

第 2 步：使用参考线和执行菜单命令"编辑"→"变换"→"扭曲"及"编辑"→"变换"→"变形"命令，校正框架的倾斜和变形问题，如图 11-18 所示。

图 11-18　校正倾斜和变形

第 3 步：原片亮度不够，色彩暗淡，对比度不强等问题，执行菜单命令"滤镜"→"Camera Raw 滤镜"命令进行校色，效果如图 11-19 所示。

图 11-19　调色

第 4 步：使用工具箱中的钢笔工具去除背景并保存为"装饰画 3.3"，PNG 格式，效果如图 11-20 所示。

第 5 步：新建一个 1920 像素×900 像素的画布，并命名为"PC 端民族刺绣装饰画海报 2"，把优化好的"装饰画 3.3"使用移动工具拖动到新建的画布中，执行菜单命令"编辑"→"自由变换"命令，调整其大小如图 11-21 所示。

第 6 步：将背景色设置为深灰色，前景色设置为黑色，使用快捷键"Ctrl+Delete"填充背景色，在工具箱中选择直线工具进行绘制，如图 11-22 所示。

第 7 步：设置前景色为灰色，在工具箱中选择画笔工具，并调整其大小，在画布的中上位置点击，适当调整透明度，如图 11-23 所示。

图 11-20 去除背景

图 11-21 调整图片

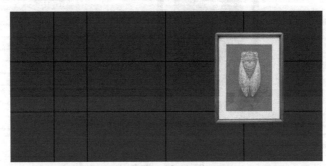

图 11-22 绘制直线

图 11-23 画笔增加光源

第8步:在工具箱中选择矩形工具绘制矩形,如图11-24所示。

图11-24 绘制矩形

第9步:执行菜单命令"图层"→"图层样式"→"斜面和浮雕"命令,勾选图案,设置如图11-25所示。

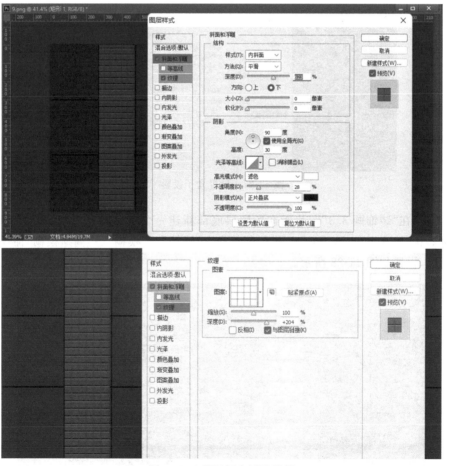

图11-25 设置图案浮雕效果

第10步:使用快捷键"Ctrl+O"打开"素材库/项目11/盒子、花、木板、水果"图片,并使用移动工具拖曳至工作画布中,如图11-26所示。

图 11-26 拖曳素材

第 11 步:选中盒子所在图层,执行菜单命令"图层"→"图层样式"→"投影"命令,设置如图 11-27 所示。

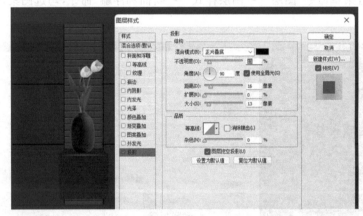

图 11-27 设置盒子投影

第 12 步:在"装饰画 3.3"图片所在的图层底部新建一个空白图层,使用多边形套索工具绘制三角形状,填充黑色,取消选区,执行菜单命令"滤镜"→"模糊"→"高斯模糊"命令,作为装饰画的投影,设置如图 11-28 所示。

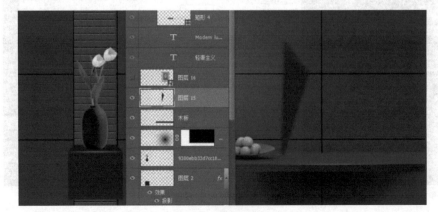

图 11-28 绘制装饰画投影

第 13 步:在"木板"图片所在的图层底部新建一个空白图层,将前景色设置为黑色,选择工具箱中的画笔工具,调整其大小,在木板上单击,然后创建图层蒙版,让木板上的颜色无法显示,效果如图 11-29 所示。

图 11-29　绘制木板投影

第 14 步:将前景色设置为白色,在工具箱中选择文字工具输入文字,注:"Modern luxury light"字体为"Arial";"轻奢主义"和"立即购买"的字体为"幼圆";"239 ram"字体为"Impact",效果如图 11-30 所示。

图 11-30　输入文字

第 15 步:将前景色设置为红色,在文字图层"立即购买"底部新建一个空白的图层,使用矩形工具绘制色块,效果如图 11-31 所示。

图 11-31　绘制红色色块

第16步：将前景色设置为白色,在工具箱中选择直线工具绘制直线,效果如图11-32所示。

图11-32 绘制线条

思考与练习

一、单项选择题

1. 对图像的明暗度有调节作用的命令有(　　)。
   A. 色相/饱和度和色调均化　　　B. 曲线和色阶
   C. 亮度/对比度和去色　　　　　D. 色阶和阈值
2. 若需将当前图像的视图比例控制为100%显示,那么可以(　　)。
   A. 双击缩放工具　　　　　　　B. 选择"图像"→"画布大小"命令
   C. 双击抓手工具　　　　　　　D. 选择"图像"→"图像大小"命令
3. 选择"编辑"→"描边"命令时,选择区的边缘与被描线条之间的相对位置可以是(　　)。
   A. 居内　　　B. 居中　　　C. 居外　　　D. 以上都有
4. 以下不属于"路径"面板中的按钮的是(　　)。
   A. 填充路径　　　　　　　　　B. 描边路径
   C. 从选区生成工作路径　　　　D. 复制当前路径
5. 按住(　　)键,单击Alpha通道,可将其对应的选择区载入图像中。
   A. Ctrl　　　B. Shift　　　C. Alt　　　D. End
6. "拷贝"与"合并拷贝"命令的快捷键分别是(　　)。
   A. Ctrl+C组合键与Shift+C组合键
   B. Ctrl+V组合键与Ctrl+Shift+V组合键
   C. Ctrl+C组合键与Alt+C组合键
   D. Ctrl+C组合键与Ctrl+Shift+C组合键
7. 下列(　　)可以绘制形状规则的区域。
   A. 钢笔工具　　B. 椭圆选框工具　　C. 魔棒工具　　D. 磁性套索工具
8. 在Photoshop中,批处理命令在(　　)菜单中。
   A. 文件　　　B. 编辑　　　C. 图像　　　D. 视图
9. 在Photoshop中,利用背景橡皮擦工具擦除图像背景层时,被擦除的区域显示为(　　)。

  A. 黑色   B. 透明   C. 前景色   D. 背景色

10. 要使用"贴入"命令,需要先在图层设置好(　　)。

  A. 选区   B. 图形   C. 空白区域   D. 图像

二、判断题

1. 在使用铅笔或画笔工具绘画时,按[或]键,可以调节画笔大小。　　　　　　(　　)
2. 填充前景色的快捷键是 Ctrl+Delete。　　　　　　　　　　　　　　　　(　　)
3. 双击"图层"面板中的"背景"层,可把"背景"层转换为普通图层。　　　　　(　　)
4. RGB 模式分别代表红、绿、蓝 3 种颜色,是一种印刷模式。　　　　　　　 (　　)
5. 在 Photoshop 中使用背景橡皮擦工具后,原来的背景图像自动转换为普通图层。

  　　　　　　　　　　　　　　　　　　　　　　　　　　　　　　　　(　　)

6. 像素是构成图像的最小单位,位图中的每一个色块就是一个像素。　　　　(　　)
7. 计算机中的图像主要分为两大类:矢量图和位图,而 Photoshop 中绘制的是矢量图。

  　　　　　　　　　　　　　　　　　　　　　　　　　　　　　　　　(　　)

8. "色阶"命令只能调整图像的明暗变化,而不能调整图像的色彩。　　　　　(　　)
9. 在图层蒙版里用黑色画笔涂抹,可以遮盖住图层内相对应位置的图像信息。 (　　)
10. 除了利用缩放工具调整图像的视图大小外,也可以按 Ctrl+>和 Ctrl+<组合键进行缩放。　　　　　　　　　　　　　　　　　　　　　　　　　　　　　　　　(　　)

三、简答题

1. 简述图层蒙版的作用,并说明图层蒙版中的黑白灰分别对图层产生什么效果。
2. 在 Photoshop 中图像色彩调节有哪些方法?都可以调节哪些内容?

参 考 文 献

[1] 阿里巴巴商学院. 网店美工[M]. 北京:电子工业出版社,2016.
[2] 崔惠勇,熊彦,秦云霞. 网店美工实例教程[M]. 北京:人民邮电出版社,2016.
[3] 夏磊,徐庆军,周燕华. 抠图+修图+调色+合成+特效 Photoshop 一册通[M]. 北京:人民邮电出版社,2018.
[4] 孔德川. 淘宝店铺装修全攻略[M]. 北京:人民邮电出版社,2017.
[5] 童海君,徐匡. 网店美工[M]. 北京:电子工业出版社,2018.
[6] 童海君,陈民利. 网店视觉营销与美工设计[M]. 北京:北京理工大学出版社,2019.
[7] 冯晶晶,申晓燕,陈裕雄. Photoshop 图像处理项目化教程[M]. 北京:上海交通大学出版社,2019.
[8] 杨倩. Photoshop 电商广告设计实战教程[M]. 北京:机械工业出版社,2016.
[9] 吴文雅. 网店美工[M]. 北京:北京邮电大学出版社,2017.
[10] 崔恒华. 网店美工实操[M]. 北京:电子工业出版社,2018.
[11] 前程文化. Photoshop CS 经典实例百分百[M]. 成都:四川电子音像出版中心,2016.
[12] 杨云江,徐雅琴,付云芸. Photoshop CS5 实用教程[M]. 北京:清华大学出版社,2020.